Paul Eduard Vogt

Die Ortsnamen auf -scheid und -auel

Ein Beitrag zur Geschichte der fränkischen Wanderungen und Siedelungen

Paul Eduard Vogt

Die Ortsnamen auf -scheid und -auel
Ein Beitrag zur Geschichte der fränkischen Wanderungen und Siedelungen

ISBN/EAN: 9783743681545

Hergestellt in Europa, USA, Kanada, Australien, Japan

Cover: Foto ©ninafisch / pixelio.de

Weitere Bücher finden Sie auf **www.hansebooks.com**

Kgl. Gymnasium mit Realprogymnasium NEUWIED.

— · ◆ ·

Wissenschaftliche Beilage

zum XVIII. Jahresberichte

Ostern 1895.

Die

Ortsnamen auf -scheid und -auel (ohl).

Ein Beitrag zur Geschichte

der

fränkischen Wanderungen und Siedelungen

von

Prof. Dr. Paul Vogt.

NEUWIED, 1895.

Louis Heuser's Buchdruckerei.

Einleitung.

Die folgende Untersuchung nimmt einige Aeufserungen Ernst Förstemanns in seinem klassischen Buche: die deutschen Ortsnamen, zum Ausgangspunkte. Er sagt dort S. 40: „...Bergrücken bilden die | klarsten Wasserscheiden. Und in der That finden wir sowohl diesen Begriff als auch speziell das Wort Scheide in den Ortsnamen wieder. Helmonscede, Hernalscede, Richinsceit und andre Namen zeigen sich vom sec. 8 ab, das einfache Sceide als Ortsname sec. 11. Viele heutigen Oerter, wie Lüdenscheid, Remscheid und die einfachen Scheid, Scheide, Scheidt lassen sich mit leichter Mühe sammeln. Dafs hier wirklich die Bedeutung von Wasserscheide zu Grunde liegt, bezeugt eine Ueberlieferung aus sec. 11, worin ein Ort Sceit in Niederösterreich wirklich durch dorsum tumentis terrae übersetzt wird. Die genauere Kenntnis der Lage solcher Oerter erhebt diese Ansicht in einzelnen Fällen zur Gewifsheit. So liegen die beiden Oerter Lichtenscheid oder Lischeid in Hessen und in Westfalen ganz an der Wasserscheide von Weser- und Rheingebiet; in Hessen heifsen viele Bergrücken der oder das Scheid; so liegt Lennscheid und Nettenscheid an der Wasserscheide der Lenne und der Nette. Trotz alle dem mag auch -scheid zuweilen den verwandten Begriff einer politischen, nicht natürlichen Grenzscheide haben, doch glaube ich kaum, dafs das sehr oft der Fall sein wird. — Burtscheid (alt Burcithum) halte ich für ganz undeutsch und glaube, dafs es nur durch Volksetymologie hierher gezogen ist; dasselbe mag bei einigen andern Namen der Fall sein, doch trübt das im ganzen die Deutschheit dieser Namenklasse nicht."

Und auf S. 277 desselben Buches heifst es: „Während der im Vorhergehenden besprochene Völkerzug den Rhein in der Gegend von Köln oder Düsseldorf überschreitet, giebt es eine in Bezug auf ihre Herkunft sehr dunkle Gruppe von Ortsnamen, deren Mittelpunkt mehr im Mittelkein, etwa im Regierungsbezirk

1*

Koblenz liegt. Ihr scheinen namentlich die Bildungen auf auel (ohl), scheid, dries (driesch) und sachsen eigentümlich zu sein. Jenes auel (ohl, euel) hat sein Zentrum in den Regierungsbezirken Arnsberg, Köln, Aachen, ist im Norden nur wenig in Düsseldorf, im Süden nur wenig in Trier und Koblenz zu Hause und erscheint nur etwa dreimal in Nassau. Ein Auel im badischen Oberrheinkreise ist ein ganz verlorner Posten. Die Namen auf -scheid bilden eine kompakte Masse in den Bezirken von Arnsberg, Düsseldorf, Köln, Koblenz, Aachen, Trier (nebst Birkenfeld), Nassau und Luxemburg. In den um diese Gegenden herumliegenden Gebieten ist gleich rasche Abnahme zu bemerken. -- Sonst erscheint dieses Grundwort ganz vereinzelt, in den östlichen Koloniallländern und in Süddeutschland, doch findet sich in letzterem die spezielle Bildung Gescheid in mannigfacher Orthographie nicht selten. Aus Holstein sind noch bemerkenswert zwei Feldscheide, fünf Landscheide und ein Volkenscheid, welche indessen noch halb für Appellativa zu halten sind."

Nach einigen Bemerkungen über die Namen auf dries und sachsen schliefst er mit den Worten: „Ich verlasse diese rätselhaften Namengruppen, zu welchen noch neues Beleuchtungsmaterial hinzugeführt werden mufs." ,

Es wird im nachfolgenden versucht werden, neues Beleuchtungsmaterial hinzuzuführen und dadurch dem Rätsel dieser Namengruppen auf die Spur zu kommen. Dabei wird sich herausstellen, dafs der Altmeister Förstemann überall bereits die richtigen Fährten gefunden hat; nur in Nebendingen müssen Berichtigungen eintreten. Doch liefsen sich die Namen auf -dries und -sachsen mit denen auf -scheid und -auel nicht in einer Gruppe zusammenfassen und werden daher von der Untersuchung ausgeschlossen.

Eine ganz leichte Mühe, wie Förstemann meint, die Namen auf scheid zu sammeln und zu sichten, war es übrigens doch nicht. Als Hilfsmittel diente in erster Linie die deutsche Generalstabskarte von 1 : 100 000 resp. 80 000; sodann das Ortslexikon von Deutschland von H. Rudolph. Für Nassau diente mir das Nassauische Namenbuch von Joseph Kehrein. Die älteren Namen entstammen aufser Förstemanns Deutschem Namenbuch, für Nassau ebenfalls Kehrein, für Hessen Arnold, Wanderungen und Siedelungen deutscher Stämme, für die übrige Rheinprovinz den Urkundensammlungen von Lacomblet, Beyer, Görz und Günther, für Westfalen denen von Seibertz und Ehrhard. (Siehe Vorbem. vor dem alphab. Verzeichnis).

I.

Die verschiedenen Arten der Namen auf -scheid.

Die Wurzel des Verbums „scheiden" kommt als „scheide"
oder „scheid" in Ortsnamen sowohl als Bestimmungs-, wie als
Stammwort vor. Betrachten wir zunächst den ersten Fall etwas
näher.

a) „scheid" als Bestimmungswort.

Die Bajuvaren schreiben meist schaid(e), daneben scheid(e)
und manchmal auch schied; in Mittel- und Niederdeutschland
herrscht scheid(e) und in Niederdeutschland findet sich einzeln
auch schede.

So findet sich Schaidacker in der Pfalz, Schaidbach in
Oberösterreich und in Tirol, Scheidbachertobel in Tirol, Schaid-
berg in Salzburg, Schaideck 2 mal in Oberbayern und ebenda
Schaidegg: Schaidering in Oberbayern, Schaitdorf in der
Oberpfalz, Schaidham d. i. Scheidheim 4 mal in Niederbayern,
Schaidlach in Oberbayern, Schaidmoos 2 mal in Salzburg und
ebenda Schaidmoosbichl: Schaidmühle in Niederösterreich;
Schaidbach zwischen Simmer- und Hahnenbach im Soonwald;
Scheidbitz als Flurname im Amte Walmerod im Westerwald;
Scheidebach 2 mal im Königreich Sachsen; Scheidberg in
Westpreußen; Scheidebaum in Schleswig-Holstein; Scheideck
3 mal in Oberbayern, 2 mal in der Schweiz; Scheidecker (so heißt
der Bauer, der auf der Scheidek wohnt) je 1 mal im Ober- und im
Unterelsaß; Scheidegg in Bayrisch-Schwaben; Scheideholz bei
Haarburg in Hannover; Scheidekathe 7 mal in Schleswig-Hol-
stein; Scheidekoppel ebenda, und Scheidekrug 2 mal ebenda;
Scheidemühle in Oberhessen und im Königreich Sachsen:
Scheidepfahl in Schleswig-Holstein; Scheideweg bei Schwelm,
nördlich der Wupper bei Barmen; und 'bei Hückeswagen ,an der
obern Wupper; Scheidewinkel in Schlesien; Scheidfeld,
häufiger Flurname in Nassau; Scheidfurt, Flurname im Amte Wal-

merod im Westerwald; Scheidgarten, Flurname im Amte
Dillenburg im Westerwald; Scheidgraben, mehrfach als Flurname in Nassau; Scheidham gleich Scheidheim, 4 mal in Niederbayern; Scheidheck, 2 mal Flurname in Nassau; Scheidheg,
Flurname im Amte Dillenburg; Scheidhof, in Hessen, in Luxenburg, und zwischen Bröl und Agger bei Much; Scheidhölzchen
im Amte Selters im Westerwald; Scheiditz mit slavischer En-
dung gleich Scheidheim in Sachsen-Altenburg; Scheidlach, Flurname im Amte Höchst (Nassau); Scheidlehen in Niederbayern;
Scheidmauer, 2 mal Flurname in Nassau; Scheidmühle bei
Aachen und in Unterfranken; Scheidseifen, Flurname im Amte
Montabaur; Scheidseit, Flurname im Amte Herborn; Scheidwald unterhalb Merzig an der Saar; Scheidwasser, Flurname
im Amte Dillenburg; Scheidweg, mehrfacher Flurname in Nassau;
ebenso Scheidwies; Scheidweiler, Ober- und Nieder-, östlich
der Lieser (Eifel); hierher gehören auch die mit dem rheinischen
‚s‘ gebildeten; Scheidsbach zwischen Sieg und Rhein; Scheidsberg, Flurname im Amte Weilburg an der Lahn; Scheidsbergerfeld, Flurname im Amte Montabaur; Scheidsborn, Flurname
ebenda; Scheidseck, Flurname im Amte Selters; Scheidskopf,
Flurname im Amte Braubach und Dillenburg; Scheidsmühle bei
Saarlouis; Scheidwies, Flurname im Amte Selters im Westerwald, dazu in Oberbayern ein Scheidsöd; Scheitert im Quellgebiet des Olefbachs in der Eifel ist vielleicht gleich Scheiderod(?).

Schedeberg findet sich 2 mal in Schleswig - Holstein;
Scheeraign in Niederbayern.

Schiedbichl gleich mitteldeutschem Scheidbühel in Oberbayern und Schiedhörn 2 mal in Schleswig-Holstein.

Seltener zeigt sich als erster Teil der Zusammensetzung
„scheiden“. So in Schaidenberg in Oberösterreich; Schaiden-
hausen in Oberbayern; Schedenberg ebenda; Scheidenbach
2 mal im Königreich Sachsen; Scheidenhof in Steiermark;
Scheidenthal in Baden; Scheidenweiler im Bayrischen
Schwaben; Schiedenberg bei Wolfach in Baden und Schiedenhohlweg in Schleswig-Holstein;

Das Deminutiv Scheidchen erscheint in Scheidcheswald,
Flurname im Amte Weilburg a. Lahn; die andere Deminutivform auf -l
erscheint in Scheidelbaum, Flurname im Amte Dillenburg; Scheidelberg in Pommern; Scheideldorf in Niederösreich; Scheidelhöfe in Pommern; Scheidelwitz in Schlesien; Scheidelberg
in Oberöstreich. Die Bedeutung aller dieser Namen ist selbstverständlich;

gemeint ist ein scheidender Bach, ein scheidendes Feld, ein scheidender Wald u. s. w. Etwas anders verhält es sich mit den Namen, deren erster Bestandteil „Scheider" lautet. Es sind mir folgende bekannt: Scheiderberg, Flurname im Amte St. Goarshausen; Scheiderbruch an der Dhün bei Mühlheim am Rhein; Scheiderfeld nördlich der Wupper bei Solingen; ebenso zwei Flurnamen im Amte Runkel und Weilburg a. Lahn; Scheiderhöhe zwischen Agger und Sülze bei Altenhonrath; Scheiderhof bei Gondorf a. Mosel und bei Olpe a. Bigge; Scheiderirlen, nördlich der Wupper bei Solingen; Scheiderlei, Flurname im Amte Wehen im südlichen Nassau; ebenda Scheiderloch; Scheidermühle nördlich der Wupper bei Solingen; Scheiderwald an der Bigge bei Olpe und ein Flurname im Amte Wehen; Scheiderweg, Flurname im Amte Weilburg a. Lahn; Schederberg, südöstlich von Meschede an der Ruhr; ferner der Scheidterberg, Scheidterhammer, Scheidterhütten und Scheidtermühle, alle bei Saarbrücken; endlich Schiederberg in Oberbayern und Schiederhof in der Oberpfalz. Diese Namen sind offenbar ganz jungen Ursprungs. Sie sind von dem Ortsnamen Scheid, Scheidt oder Schied mit -er gebildet, wie etwa Remscheider Mühle, Barmer Wasserwerk, Kölner Hafen. Eine besondere Gruppe bilden ferner die mit dem bayrischen Gescheid oder Gschaid zusammengesetzten Namen. Ich nenne Gschaidbühel in Niederbayern; Gschaidhof, 2mal in Baden, Gscheidviertel in Steiermark. In der Bedeutung bieten sie nichts Besonderes.

b) „Scheid" als Grundwort.

1. Das fem. „die Scheide".

Das Simplex erscheint als Ortsname Scheide einmal in Schleswig-Holstein und 1mal in Pommern; ferner findet sich „in der Schaid" 2mal in Oberösterreich; Schede zwischen Ennepe und Ruhr; Scheda südlich vom Ebbegebirge; ferner nördlich von Iserlohn und Kloster-Scheda bei Station Wickede an der Ruhr; Scheida 2mal in Kärnthen und 1143 an der Mosel; Schida in Niederbayern; Schieda in Bayrisch-Schwaben; auf der Schieda 3mal in Oberfranken, 1mal in Kärnthen. Ferner findet sich Scheiden am westlichen Abhang des Hochwalds und an der Urft (Eifel); ein undeutlicher Name Scheidens in der Provinz Sachsen; Scheden bei Hannöversch-Minden.

Von zusammengesetzten Namen gehören hierher: Fallscheide

in Hannover; Feldscheide, 6 mal in Schleswig-Holstein; vielleicht auch Feldscheid in Niederbayern; und der in Nassau mehrfach vorkommende Flurname Flurscheid, Florscheid, Gartenscheid, Markscheid; Landscheide 4 mal in Schleswig-Holstein; Selscheide an der Dhün, Viehscheide in Tirol, Nordscheide 2 mal und Westscheide 1 mal in Schleswig-Holstein; Wegscheide in Steiermark, Wegscheiden (wohl Dativ = an der Wegscheiden) 2 mal in Kärnthen, 3 mal in Steiermark, 1 mal in Tirol; dazu Wegscheider in Böhmen, Wegscheidhäusl in Oberöstreich, Wegscheidmühle in Salzburg; Wegscheid (mit stummem e am Ende) bei Kirchen a. Sieg, 4 mal in Oberbayern, 3 mal in Niederbayern, 1 mal in Bayrisch-Schwaben, 4 mal in Oberösterreich, 5 mal in Niederösterreich, 3 mal in Salzburg, 3 mal in Steiermark, 4 mal in Tirol und 3 mal als Flurname in Nassau; Wegescheid bei Gummersbach an einer Wegescheide im Walde; auch Wasserscheid in Tirol gehört wohl hierher; ob auch Wetterscheidt bei Naumburg a. Saale?

Ferner findet sich eine Weiterbildung auf -ing, -ung und -ungen in Schaiding in Oberöstreich und Oberbayern; Scheidingen zwischen Soest und Werl, nördlich der Ruhr; ebenso lautet ein Flurname im Amte Marienberg (Westerwald); Scheidung in Oldenburg, auf der Scheidung bei Schwelm (Barmen), Burg- und Kirchscheidungen bei Querfurt in der Provinz Sachsen; Schiedungen bei Erfurt in der Provinz Sachsen; endlich Landscheidung in Schleswig-Holstein.

2) Das neutrum „das Gescheid".

Als Simplex findet es sich als Geschaid in Mittelfranken; Geschaid 2 mal in Baden; Gschaid 8 mal in Niederbayern, 2 mal in Steiermark, 4 mal in Oberösterreich und 2 mal in Niederösterreich; Gschaidt 2 mal in Niederbayern; Gsched in Niederbayern, Gscheid ebenda. Ferner findet sich im 10 Jhd. Meisen gesceid unbekannter Lage; a. 980 Rotagasceid, am Rotten im alten Quinzingowe in Niederbayern und ebenda schon 890 Smalagasceid; a. 1046 Spirgescheid in der Pfalz; Obergscheid in Oberbayern und Oberngescheid in Oberösterreich und ebenda Untergschaid.

3) Das masc. „der Scheid".

Das masc. kommt in der lebenden Sprache als Simplex nicht mehr vor; wohl aber seine Komposita und zwar mit bemerkenswertem Vocalablaut, je nach der Betonung: der Entscheid, der Bescheid, aber der Abschied, der Unterschied. In dem Ortsnamen ist das Simplex der Scheid und seine Deminutiva das Scheidel und das Scheidgen noch ganz lebendig; noch zahlreicher sind seine Komposita. Ich habe rund 800 Ortsnamen gesammelt, welche dies masc. scheid enthalten. Geschrieben wird es jetzt überwiegend „-scheid", auf westfälischem Sprachgebiet finden sich eine Reihe von Namen auf „-schede" und südlich von Lahn und Mosel findet sich auch „-schied". Die älteren Formen zeigen diese Unterschiede nicht. Mehrfach erscheint die Form -schied erst in neuerer Zeit statt älteres -scheid. So heifst Einschied im Hochwald a. 1036 Einsceiht; Espenschied a. d. Wisper noch 1505 Espenscheid, Lierschied bei St. Goarshausen a. 879 Liorscheid, Lindenschied am Hunsrück a. 1312 Lindenscheid; Ippenschied am Soonwald a. 1341 Yppenscheid; Wollmerschied im 14. Jhd. Wollmerscheid; umgekehrt heifst Tettscheid a. d. Lieser 1761 Texscit und der jetzige Framscheiderwald erscheint im 16. Jhd. als Franschied und Fronschied; das jetzige Rabenscheid im Westerwald heifst 1700 Rabeschit. Doch geht der Wechsel noch weiter. Das jetzige Herscheid s. vom Ebbegebirge heifst im 11. Jhd. Hertsceido und Hiruthscetha, im 12. Jhd. Hertschet, im 13. Jhd. Hirzschit, im 15. Herschede; Hetterscheid bei Velbert heifst im 9. Jhd. in hestratescethe, im 11. Jhd. Etterscheide und im 14. bereits Hetterscheid; das jetzige Lenscheid bei Glinge a. Lenne heifst a. 1313 in Lenscide. a. 1338 in Lensched und 1348 in Lenschede. Andere Beispiele des Wechsels zwischen scheid und schede findet man in dem alphabetischen Verzeichnis unter Dürscheid, Eickenscheid, Lüdenscheid, Helmscheid, Hohenscheid, Scheda und mehrern andern.

Gesprochen wird -scheid heute in Westfalen wie s-khaid, schede wie s-chede; im mittelfränkischen -scheid wie schid, sched und in mehrsilbigen Namen wie schd, z. B. lautet Rabenscheid im Volksmunde Roweschd und Kommerscheid in der Eifel Kommerschd; dagegen klingt an der Nahe -scheid wieder breiter, fast so wie schaid.

Regelmäfsig sollte der Vokal des Wortes im Westfälischen ein langes ē, im Fränkischen ei, und im Bayrischen ai sein; doch ist in den Kompositis in Folge der Tieftonigkeit oder bei mehrsilbigen Tonlosigkeit Verkürzung zu e und i oder gänzlicher Schwund des Vokals eingetreten. Die Form schede aber ist ein deutlicher

Dativ Sing., neben der auch -scheide auftritt. Das beweisen zum
Ueberflufs Namen wie „im Linschede" und „am Enschede". Es
waren eben früher wie heute, wie auch in vielen andern Ortsnamen, der Nom. und der Dativ promiscue im Gebrauch. Heute
zeigt sich der Nom. sehr deutlich in dem Namen unbewohnter Bergwälder, wie der Gelscheid bei Gummersbach, der grofse Grünscheid s. der Wupper, der Haberscheid in Waldeck, der Siebenscheid im Kreise Arnsberg; der Dativ erscheint in den Namen
im Linschede bei Dortmund, am Adelscheid bei Wülfrat, am
Enschede an der obersten Ruhr, am Grofsenscheid bei Hückeswagen, am Hohlenscheid bei Elberfeld, am Singscheid ebenda,
auf'm Elberscheid bei Elberfeld und auf'm Scheid mehrfach.
Dafs wir heutzutage nur noch auf westfälischem Boden Dativformen
mit -e (die Formen auf -schede) finden, erklärt sich daraus, dafs
der fränkische Dialekt das „e" am Ende überall wegwirft. Auch
alte Formen auf „a" wie Lindenesceida a. 1086, heute Lindenschied am Simmerbach (Soonwald), Richinsceita a. 1083 in
Niederösterreich, jetzt „am Reich;" Hiruthscetha im 11. Jhd.,
jetzt Herscheid am Ebbegebirge und mehrere andere sind wohl als
Dative Singularis zu fassen; während andre Formen, wie Purgunscetin im 8. Jhd. und einige andre schwer zu beurteilen sind.

II.

Die geographische Verteilung der Namen auf -scheid.

Ihrer geographischen Verteilung nach bilden die Ortsnamen
auf -scheid zwei deutlich getrennte Gruppen. Zur ersten gehören
die Namen, in denen Scheid- Bestimmungswort ist und die, welche
zum Grundwort das feminum Scheide und das neutrum das Ge-
scheide haben. Ihnen stehen als zweite Gruppe die Namen gegenüber, welche zum Grundwort das masculinum der Scheid haben.

1. Gruppe.

Betrachtet man die geographische Verbreitung der ersten
Gruppe, so tritt zwar an die erste Stelle Nassau mit etwa 40 der
oben angeführten Namen, jedoch erklärt sich das aus dem speziellen
Grunde, dafs mir für Nassau nicht blos die Namen der bewohnten
Orte, sondern auch die Flurnamen zu Gebote standen; zieht man
die Flurnamen ab, so sinkt die Zahl der Namen auf eine geringe

Ziffer herunter. Die Zahl der hierher gehörigen Namen der Rhein-provinz, nämlich 20, sinkt ebenfalls stark, wenn man die jungen spezifisch rheinisch-westfälischen Namen mit Scheider- abzieht. Da-gegen tritt einerseits Schleswig-Holstein mit 32 Namen hervor, gröfs-tenteils mit dem Femininum Scheide zusammengesetzt; andererseits die Länder bayrischer Zunge: Niederbayern mit 27, Oberbayern mit 19, Oberösterreich mit 14,' Steiermark mit 9, Tirol und Salzburg mit je 8, Niederösterreich mit 6 und Kärnthen mit 5, zusammen mit 96 Ortsnamen, unter denen die mit gescheid zusammengesetzten die Hauptmasse ausmachen. Der Rest ist ziemlich gleichmäfsig und spärlich über ganz Deutschland verteilt.

2. Gruppe.

Ein wesentlich anderes Bild ergiebt sich, wenn man die geo-graphische Verteilung der 2. Gruppe ins Auge fafst. Von etwa 800 Namen dieser Gruppe gehören 780, und wenn ich etwa 100 Nassausche Flurnamen abziehe, 680 dem von Förstemann oben um-schriebenen Gebiete, also dem südlichen Westfalen, Waldeck, Kur-hessen, Rheinprovinz, Nassau und Luxenburg an, mit einigen Aus-läufern nach dem nördlichen Westfalen, der bayrischen Pfalz, Loth-ringen und dem Elsafs, die aber sehr rasch abnehmen. Der Rest von etwa 20 Namen ist über den Süden und Osten verstreut. Auch dies hat Förstemann bereits beobachtet, nur war sein Material noch nicht reich genug, um diese merkwürdige Thatsache zu erklären.

1. Die grofse zusammenliegende Masse von Ortsnamen auf -scheid beginnt im Nordosten im Fürstentum Waldeck. Hier findet sich Höhnscheid östlich von Freienhagen; der Haberscheid südlich von Sachsenhausen; Helmscheid südlich von Corbach; auf dem Scheidt westlich von Corbach und der Schiebenscheid nördlich von Sachsenhausen. Daran schliefsen sich westlich im westfälischen Kreise Brilon: Ehrenscheidt, eine Mühle bei Win-terberg; auf dem Scheid, ein Bergwald nördlich Messinghausen zwischen Alme und Hopke; am Enschede an der obersten Ruhr; Bourscheid, eine Mühle bei Hallenberg, Haus Meschede an der Almequelle, und Kaltenscheid, das ich auf der Karte nicht verzeichnet finde und der Lichtenscheid, auf dem Gipfel des kahlen Astenberges. Zahlreicher werden sie weiter westlich im Kreise Meschede. Zwar ob Meschede selbst hierher gehört, ist zweifelhaft; die ältesten Formen: in monasterio Mescedi a. 913, in monasterio Meskide a. 937 und 973 und in loco Mescede a. 959 sprechen eher dagegen als dafür. Aber südöstlich davon liegt Blü ⸗

genscheid, nordöstlich von Meschede Hornscheid; Ochsenscheid und Habichtscheid, zwei Bergwälder an der Elpkequelle südöstlich von Meschede; Nieder- und Ober-Bremscheid, südwestlich Meschede im Gebiet der Wenne; Ramscheid noch weiter südwestlich auf der Höhe zwischen Ruhr und Lenne; Brenschede oder Breschede südöstlich vom vorigen; Herschede, eine Kolonie und ein Waldbezirk nordöstlich vom vorigen; endlich ein Giebelscheid, das ich auf der Karte nicht verzeichnet finde.

Noch westlicher findet sich im Kreise Arnsberg der Berg Müschede südlich Warstein am Wasterbach; der Siebenscheid südlich von Hirschberg; Dinschede östlich von Arnsberg; Langscheid und Melschede südwestlich Arnsberg zwischen Hönne und Sorpe; Müschede, westlich Arnsberg zwischen Ruhr und Röhr, gehört nicht hierher, wie die ältern Formen Musche a. 1231 u. 1241 und Mussche im 14. Jhr. beweisen; aber wohl Selschede an der obern Röhr und Brenschede an der Quelle der Röhr.

Weiter die Ruhr abwärts schon im Kreise Hamm liegt Langschede östlich Schwerte und bei Westhofen Ober- und Nieder-Weidscheid.

Ich schliefse hier an, was sich nördlich der Ruhr noch zerstreut an Ortsnamen auf -scheid in Westfalen vorfindet: Brockenscheid im Kreise Recklinghausen; Dankelscheid bei Münster; West- und Ostscheid bei Herford; Enschede, blühende Stadt im holländischen Overryssel und Leschede südlich von Lingen an der Ems. Betreten wir nun das Flufsgebiet der Lenne, so begegnet uns im Kreise Meschede bei Glinge Leinscheid; im Kreise Arnsberg Hammerscheid, eine Mühle bei Blintrop-Affeln; ferner am Lenscheid, auch Hohenlenscheid bei Glinge, die Wasserscheide zwischen Ruhr und Lenne, nicht weit von dem eben genannten Leinscheid; im Kreise Olpe Bremscheid, östlich von Altenhunden; sodann begegnen in der Gegend von Bilstein drei Bergwälder: Arnscheid, Bescheid und Bannscheid; ferner der Ort Fahlenscheid. Hier fliefst auch der Bach Veischede, an dem Kirch- und Oberveischede liegen, indessen dürfte hier eher eine der zahlreichen westfälischen Namenbildungen auf -de vorliegen, wie Wickede u. s. w.; in der That heifsen die Orte a. 1313 Vesche, a. 1338 Veisce a. 1338 Overenveische und ebenso a. 1420.

Zwischen Lenne und Volme finden wir Selscheid und Pangelscheid oder Pungelscheid südlich von Werdohl; ebenda Walscheid; Brenscheid westlich von Altena; Sassenscheid östlich vom vorigen; ebenda der Hof Brenscheid; Sonnenscheid, auch

Sonnscheid; ferner Grofs- und Klein-Drescheid südwestlich von Altena; noch südwestlicher Eggescheid; Orscheid südlich von Sassenscheid; Brennscheid südlich von Altena; Hallenscheid westlich von Altena; Lüdenscheid auf der Wasserscheide zwischen Lenne und Volme; Ober- und Nieder-Hunscheid nördlich vom vorigen; Brenscheid südlich von Lüdenscheid; ein Kotten Echtenscheid und Alt-Lüdenscheid ebenda. In der Umgegend von Lüdenscheid ferner: Raderscheid, Lennscheid, Röhnscheid, Hüllscheid und Alt-Hüllscheid, Harnscheid, Lindscheid, Havenscheid, Lauenscheid, Leinschede, Linscheid, auf dem Linscheid, Oevenscheid, Halscheid und Rumscheid bei Dahl a. Volme.

Zwischen der untern Lenne und der Ruhr finden sich: Nettenscheid auf der Höhe zwischen Nette und Lenne; ferner Hegenscheid, Bermscheid, ein Bezirk im Balver Wald, Mesterscheid nördlich von Hemer; Dröschede, westlich von Iserlohn. Hierher gehört auch das ausgegangene, a. 1413 erwähnte Crumensceit, das irgendwo an der Lenne gelegen haben mufs.

Zwischen Volme und Ennepe liegen: Werfelscheid, Halverscheid, Ober- und Nieder-Langenscheid bei Halver; Brenscheid nordwestlich von Halver; Camscheid nordwestlich vom vorigen; Wahnscheid, Ebscheid, Langscheid, Brenscheid um Breckerfeld; Lönnelscheid bei Halver.

Zwischen Ennepe und Ruhr liegen Burschede, Baunscheid, Hackelscheid, Beenscheid, Silschede.

Jenseits der Ruhr bei Unna: Linnscheidt; bei Dortmund: im Linschede, Oeverscheid; bei Bochum: Bredenscheid, Wattenscheid, Hafkenscheid, Brenschede, Hunscheids-feld und Munscheid.

Am Ebbegebirge liegen: nördlich: Herscheid, Belckenscheid, Lengelscheid, Immelscheid, Brenschede; südlich: Rinckscheid, Nieder- und Ober-Worbscheid und Noscheid.

An der Bigge endlich: Weschede, Liesterscheid a. d. Liester; der Bergwald Erbscheid; Dünschede, Elberscheid, Alberscheid oder Alperscheid, der Hof Roscheid und fast an der Biggequelle Dornscheid.

Ueberblickt man dieses Gebiet, so findet man, dafs die Namen nicht gleichmäfsig verteilt sind, sondern deutlich einen dichten Kern auf dem Hochplateau zwischen Lenne und Volme um Lüdenscheid als Mittelpunkt bilden und dafs von da aus mit abnehmender Dichtigkeit die Namen, die Ruhr und Lenne aufwärts bis in das

Waldecksche, andrerseits an der Volme, Enneρe, Lenne und Ruhr abwärts bis Bochum, endlich südwärts über das Ebbegebirge und die
Bigge aufwärts bis zu deren Quelle sich erstrecken. Die Höhen
nördlich der Ruhr bilden im allgemeinen die Nordgrenze der Verbreitung; nur wenige zerstreute Namen finden sich nördlicher in
Westfalen.

2. In der Rheinprovinz schliefsen sich an das Bochumer Gebiet
rechts der Ruhr an bei Essen: Schonscheid, Eickerscheid und
Rüttenscheid bei Borbeck; Gerschede, der nordwestlichste aller
Orte auf -scheid; bei Kettwig der Hof Lieverscheid und die Höfe
Ober- und Nieder-Barnscheid; bei Mühlheim a. Ruhr auf dem
Scheid, Oberscheid, der Hof Hauscheid und Rinscethe
jetzt Rüste.

Links der Ruhr schliefst sich von der Ennepe abwärts das
Gebiet von Barmen an mit Marscheid südlich von Barmen, und
Lichtenscheid, Fingscheid und Riescheid unmittelbar bei
Barmen. Bei Elberfeld liegen: am Hohlenscheid, aufm Scheid,
zu Schwagenscheid, am Singscheid, aufm Elberscheid,
die Höfe zu Mittel-, Oben- und Unten-Fingscheid, zwischen
Elberfeld und Neviges; bei Kronenberg Tonscheid und Bruscheid;
bei Wülfrat liegt der Kotten am Adelscheid, Kockerscheid
und das ausgegangene Wicken'sceith (im 11. Jhd.); bei Velbert
liegen die Höfe Beutenscheid, zu Fahrenscheid; der Hof
Ladscheid bei Langenberg, Hornscheid, die Höfe am Dicken-,
Mittelsten- und Vordersten-Krüdenscheid, das Ackergut
Nordenscheid, Römerscheid, aufm Scheidt, Unter- und
Ober-Sellscheid, und Hetterscheid; bei Werden liegt Ober-
und Unter-Harnscheid, der Hof Grünscheid und Brenscheid;
bei Mettmann Ellscheid a. d. Elb, einige Häuser namens Hag-
scheid, die Höfe Hayscheid und Broscheid.

Bei Ratingen liegt der Kotten Grofs-Eikelscheid, die Höfe
Alscheid, ferner Mackscheid, Möllscheid, Breitscheid, Bell-
scheid, Burscheid, Eggerscheid, Schmalscheid; bei Gerresheim
Hochscheid und jenseits des Rheins Machenscheid.

An das Ebbegebirge schliefst sich nach Westen an: südlich
von Meinerzhagen der Bergwald Amelscheid; ferner bei Rönsal
der Wald und Ort Wernscheid; bei Wipperfürth Röttenscheid,
Haus Scheid und Hof Scheid; bei Hückeswagen am grofsen
und kleinen Scheid; westlich von Rade vorm Walde Halverscheid und Scheedt; bei Lennep Bornscheid; sodann Remscheid und dicht dabei aufm Scheid; bei Wermelskirchen Unter-

und Ober-Selscheid; bei Burg a. Wupper auf dem Angerscheid; bei Solingen Ober- und Unterscheid; bei Haan Krutscheid, Rottscheid und Hascheid; nördlich der untern Wupper Mummscheid, Hohenscheid, Höhscheid, Wiescheid und Röhlscheid; südlich der Wupper zwei Bergwälder der grofse Grünscheid und der Holverscheid, an letzterem ein Ort gleichen Namens, ferner Flammerscheid, Herscheid, Hühscheid, Grönscheid, Scheid, Pattscheid, Hüscheid und Burscheid; an der Dhün Nieder- und Ober-Landscheid, Dornhahnscheid, Teitscheid, Dürscheid, Hopperscheid, Selscheid, Lindscheid, Rölscheid, Ober- und Unterscheid, noch ein Dürscheid, Rommerscheid, Drees-, Wüsten- und Otto-Herscheid, Hüscheid, Hegenscheid und Scheid.

Gehen wir vom Ebbegebirge nach Süden, so treffen wir bei Gummersbach den Wald Lopscheid und südlich davon das Dorf Lopscheid, westlich vom vorigen den Wald Wahlscheid und nördlich davon das Dorf Walscheidt, dicht dabei Römerscheid; sodann den Wald Gelscheid, die Orte Scheidt und Linscheid. Weiter südwestlich zwischen Agger und Sülze finden sich am obern Sülzbach bei Lindlar Steinscheid und Schlürscheid; bei Engelskirchen: Grünscheid, Bergscheid, Ober- und Unter-Wartscheid und westlich davon Wurthscheid und Wallerscheid; hier schliefsen sich die oben genannten Orte an der Dhün (mit Häscheid) an.

Südlicher bei Altenhornrath liegen: Scheid, zwei Dörfer namens Oberscheid und Kirchscheid. Zwischen Agger und Bröl und zwar näher der Agger liegt Breitscheid am Wahnbach, Seelscheid zwischen Naaf- und Wahnbach, Möhlscheid nördlich vom vorigen, Klein- und Grofs-Oderscheid und Forkscheid.

Auf der Wasserscheide bei Drabenderhöhe liegt: Hillerscheid, Wellerscheid und der Hof Paffenscheid; bei Much: Scheid, Walterscheid und Scheidt; zwischen Wahn und Bröl: Wiescheid, Unter- und Ober-Wennerscheid, Grofs- und Klein-Scheid, Grofs- und Klein-Eischeid, Broscheid, Riefferscheid, Hülscheid und Derscheid; zwischen Bröl und der untern Sieg: Winterscheid, Litterscheid, Horscheid, Hänscheid, Hatterscheid, Hönscheid (auch Horscheid), Nieder- und Ober-Bohlscheid, Bornscheid, Kesselscheid, Krämerscheid (auch Kämmerscheid) und Hallscheid; zwischen den beiden Brölbächen: Müllerscheid, Lindscheid und Haarscheid; bei Waldbröl: Branscheid; an der Wiehl: Scheid, Heischeid und Hundscheid unweit der Quelle der Wiehl; von hier ist es nur eine Meile über den Berg nach Dornscheid an der Biggequelle. An der obern Sieg fehlen die Ortsnamen auf -scheid fast ganz; vereinzelt finden sich Schemscheid bei Siegen und der Berg Mahlscheid bei Herdorf, desto häufiger sind sie an der untern Sieg.

Südlich der untern Sieg bis zur Wasserscheide gegen die Wied finden sich: Adscheid, Süchterscheid, Nieder-, Mittel- und Oberscheid, Gierscheid, Hülscheid, Linscheid, Lahrscheid, Mehrscheid, Leuscheid, ein langer Bergrücken, der die Wasserscheide bildet, daran auch ein Dorf gleichen Namens, ferner Kocherscheid, Irscheid, Eutscheid und bei Hamm Breitscheid und Scheidt.

Zwischen der untern Sieg und dem Rhein liegen: Sollscheid, Lascheid, Mierscheid, Ferne- und Knipp-Gierscheid, Darscheid, Courscheid, Klein- und Grofs-Scheid, Lescheid, Hönscheid, Hünscheid, Oberscheid, Oberstescheid, Wahlscheid und Scheid.

Am Siebengebirge liegen: Wüllscheid, Hüscheid, Bennerscheid, Rettscheid, Scheidt, Rutscheid, Döttscheid und Orscheid.

Auf der Wasserscheide zwischen der untern Sieg und Wied liegen: Krautscheid, Oberscheid, Solscheid und Germscheid; bei Asbach am Mehrbach, einem rechten Nebenbach der Wied, und zwar westlich von ihm liegen Dittscheid und Krumscheid; östlich Keescheid und Püscheid; südlich von Asbach Paarscheid und Kallscheid; zwischen Wied und Ahlbach Reifferscheid, südwestlich davon der Hof Danscheid; an der Nordwestecke der Wied Günderscheid und Nieder- und Ober-Ettscheid; zwischen Wied und Rhein: Notscheid, Willscheid, Homscheid, Rederscheid, Hilkerscheid, Heidscheiderbach (bei Linz), Lorscheid und Hinterlorscheid, Krumscheid, Muscheid, Bremscheid, Langscheid, Sollscheid, östlich von der Wied: Strauscheid, Borscheid, Breitscheid, Hochscheid, Bleischeid, Verscheid, Goldscheid, Wüscheid, Glockscheid, Kurtscheid, Ehlscheid, Gommerscheid; am Holzbach: Breitscheid, Bauscheid, Ascheid, Haberscheid, Muscheid; am Saynbach: Rüscheid, Grofs- und Klein-Maischeid, Wirscheid, Kutscheid und vielleicht das ausgegangene a. 1273 genannte Nanscheid und der 1679 erwähnte Wald Gisilbretscheid.

Um Montabaur liegen und zwar südwestlich der Montabaurer-höhe Hillscheid, nordnordöstlich von Montabaur Banberscheid, südöstlich Heilberscheid und östlich der Landscheidsberg.
An der Lahn liegen und zwar nördlich von diesem Flusse: Langenscheid, Scheid, Zimmerschied nördlich von Nassau. Südlich der Lahn liegt der Hof Saalscheid südlich von Nassau; Hof und Kirche Habenscheid südlich von Balduinstein; Lollschied südlich von Saalscheid und das 1276 erwähnte Neuscheid bei Runkel.

Im hohen Westerwald findet sich im Quellgebiet der Dill: Liebenscheid, Rabenscheid und Breitscheid; am obern Elbbach: Brandscheid, Saynscheid und Wahnscheid; an der Nister: Hirtscheid.

An der Wisper liegen: Wollmerschied, Espenschied, Dickschied, Ramschied, Lindschied, Angschied, Langschied an der Kemeler Heide; der Schwallschiederhof östlich Nastätten; südlich der Wisper findet sich im Rheingaugebirge der Berg Langschied; nördlich von St. Goarshausen liegt Lierscheid und südlich davon Dornscheid; bei Idstein liegt Monstatt, früher Monscheid und ein ausgegangenes Ramscheyt; im Amte Wehen ein ausgegangenes Breitenscheid; in der Wetterau findet sich Rodenscheit, jetzt Rotherschütt!

In Kurhessen liegen Maischeid, Lischeid, Lenderscheid, Höhnscheid und Winterscheid, der Bergwald Aulenscheid und der Bergrücken Anscheidt zwischen Weil und Solmsbach; dazu kommen noch 13 ausgegangene, bei Arnold verzeichnete, nämlich: Breitenscheid, Hohenscheid, zwei Lichtenscheid, Winterscheid, Heisterscheid, Moescheydt, Monscheid, Dubenscheid, Habichtscheid, Bauerscheid, Sengelscheid und Bettenscheid.

Auch diese etwa 270 Ortsnamen sind nicht gleichmäfsig auf das beschriebene Gebiet verteilt, vielmehr findet sich ein Gebiet äufserster Dichte von der Sulze über die Agger, Bröl, untere Sieg und Wied bis zum Saynbach mit etwa 140 Namen, dem im Norden das Bergische Land bis Lennep-Remscheid mit etwa 40 Namen und von da bis zur Ruhr mit weiteren 40 und noch 10 nördlich der Ruhr vorgelagert ist, während von Sayn und Wied südlich durch Nassau zerstreut noch etwa 30 Namen mit schnell von Nord nach Süd abnehmender Dichtigkeit vorkommen. In der Wetterau verschwinden sie. Die hessischen Namen scheinen eine lose Verbindung mit den waldeckischen herzustellen.

Für Nassau konnten auch die Flurnamen herangezogen werden, die Kehrein gesammelt hat. Ich habe sie hinten alphabetisch aufgeführt, unter Hinzufügung einiger hessischen und älterer rheinischen. Sie sind in Nassau einigermafsen häufig nur nördlich der Lahn, am dichtesten im Amte Walmerod, sodann in Marienberg, Dillenburg, Herborn, in Rennerod, Mengerskirchen bis Weilburg und andrerseits in Westerburg und Hadamar; auch im Amte Selters und Montabaur finden sie sich. Dagegen südlich der Lahn nehmen sie rasch ab. Sie verhalten sich also grade so wie die Ortsnamen; auch darin stimmen sie zu ihnen, dafs sie im Amte Hachenburg selten sind, d. h. das -scheidarme Gebiet der obern Sieg erstreckt sich auch in das untere und mittlere Nisterthal. Neu ist, dafs die Flurnamen auf -scheid sich vom Quellgebiet der Dill bis Herborn und Sinn hinunterziehn.

3. Auf der linken Rheinseite sind die nördlichsten Vorposten bei Geldern zu finden, nämlich: Grofs-Scheid und Kolscheid; doch sind das ganz versprengte Posten. Südlicher finden sich dann bei Erkelenz und Heinsberg Buscherscheid, Scheidt und Schwertscheid. Eine ganze Gruppe findet sich sodann bei Aachen, nämlich nördlich von Aachen Kohlscheid und Vorscheid; südlich von Aachen Burtscheid und das Steinkohlenbergwerk Sichelscheid; westlich von Cornelimünster liegt der Hof Hebscheid, die Landgüter Neerscheid und Ritscheid, ferner Scheidt und ein zweifelhaftes Daufscheid, auf der Karte Duffescheid; schon jenseits der holländischen Grenze liegt ein Scheidt. Aus älterer Zeit wird eine Kapelle bei Burtscheid, namens Grunescheid erwähnt. Ein Wald bei Jülich hiefs früher Wyssirscheid. Bei Neufs liegt ein Waldscheid; in der Gegend von Köln wird im 9. Jhd. ein Fergeresced erwähnt, bei Sinzig im 13. Jhd. ein Wald Hattenscheid.

Auf zusammenhängende Gruppen stofsen wir sodann in der Eifel.

Geht man die Rur (so schreibt man wohl am vernünftigsten) hinauf bis zur Mündung der Urft, dann diese hinauf bis zur Mündung des Olefbachs und nun diesen hinauf über Schleiden bis in sein Quellgebiet, so befindet man sich mitten in einem Bezirke dicht gedrängter Ortsnamen auf -scheid. Es liegen hier Rescheid, Giescheid, Miescheid und Ramscheid; dicht dabei im Quellgebiete des Priefbachs, eines Nebenbachs des Olefbachs, liegen Ober- und Unter-Dalmerscheid, Willscheid, Manscheid, Zingscheid, Reiferscheid und Oberreiferscheid, Dickerscheid, der Wald Reiserscheid und Kerperscheid; westlicher zwischen Olef und Rur liegt Harperscheid, Ettelscheid, Berrescheid, Wittscheid, noch westlicher Wahlerscheid, die Oberförsterei im Hövener Forst. Oestlich von Gemünd liegt ziemlich allein Bescheid, das nach der Erft hinüber weist.

Gehen wir nun die Rur weiter hinauf, so finden wir: Hechelscheid, Kommerscheid, Haarscheid, Silberscheid, Froitscheid, Wittscheid, den Loscheid-Wald, Eicherscheid, nordwestlich von Montjoie, ein jetzt ausgegangnes Lamberscheyt am hohen Venn, Lauscheid nördlich von Montjoie bei Kalterherberge fast an der Quelle der Rur.

An der Schneifel liegen und zwar nordwestlich: an der obern Kyll: Scheid; an der Oure: Kopscheid, Hüllscheid, Mertscheid; nordwestlich gegen Malmedy vorgeschoben: Hoppscheid und Möderscheid; ferner finden sich an der Nordwestseite: Wiescheid, Eimerscheid, Ober- und Niederlascheid, Radscheid, Amelscheid, der Wald Bohlscheid und das Dorf Merlscheid; südöstlich liegt Wascheid und Herscheid; südwestlich: Brandscheid und Unterbrandscheid, endlich westlich: Winterscheid.

Westlich der Oure zwischen ihr und dem Thal der Clerf und Sauer findet sich ein Hüscheider Bach, ferner Lascheid, Malscheid und Heinerscheid; an der Oure selbst die Lascheidauelsmühle, ferner Dorscheid, Hoscheid, Schlinder-Manderscheid, Merscheid, Putscheid, Nacht-Manderscheid, Hoscheiderhof, Poscheid, Landscheid und Lipperscheid.

Westlich der Clerf stofsen wir auf Selscheid, Klein- und Knap-Hoscheid, Grumelscheid und Alscheid; zwischen Wiltz und Sauer liegt Buderscheid; zwischen Sauer und Attert: Folschette (= Volkscheid), Eschet, Heiderscheid, Merscheid, Burscheid, Scheidel, Welscheid, Fischeiderhof, Kätschette und Hoschette; zwischen Attert und Eisch: Hobscheid, zwischen Alzette und Sauer: Pletschette; a. 1220 wird erwähnt ein Wald Mortscheid nordwestlich von Luxemburg bei Mamer, und südwestlich von Echternach liegt Blascheid und Scheidchen. Gehen wir nunmehr weiter nach Osten, so finden wir zwischen Oure und Prüm: Ort und Berg Dackscheid, Heckhuscheid, Eigelscheid, Habscheid und Niederhabscheid, Strickscheid, Euscheid, Roscheid, Binscheid, Kopscheid, Scheidchen, Manderscheid, Berscheiderhof, Bellscheid, Ober- und Nieder-Pierscheid,

2*

Ringhuscheid, Krautscheid, Eulscheid, Olmscheid, Ettscheid, Preischeid, Kobscheid, Huscheid, Quintscheid,
Zweifelscheid, Plascheid, Mottscheid, Burscheid, Altscheid, Berscheid, Outscheid und Hütterscheid. Hierher
gehört auch das a. 1214 erwähnte Honscheid, das bei Bitburg
gelegen haben soll.

Zwischen Prüm und Nims liegen Scheid, Plütscheid, Grei-
melscheid, Lascheid, Hascheid, Feuerscheid, Dackscheid,
Merlscheid, Eilscheid und vielleicht das a. 1264 erwähnte
Hovelscheid.

Zwischen Nims und Kyll: Huscheid und das ausgegangene
Einscheid bei Kyllburg. Zwischen Kyll und Lieser: Der Berg
Kindscheid östlich von Gerolstein: der Berg Prümscheid
nördlich von Salm; der Berg Kretscheid östlich von Salm; die
ausgegangenen Orte Bremescheid und Havescheit; der Hol-
scheider Bach südlich von Daun; Herscheid südlich von
Mürlenbach an der Kyll; der Berg Bradscheid östlich von Densborn; das 1289 erwähnte Protscheid; Kippscheid nördlich
von Manderscheid; Zendscheid an der Kyll; der Forst Wanscheid östlich von Kyllburg; Ueberscheid am Salmbach; Hochscheid zwischen Salm und Lieser; Bierscheid am Bierbach,
nördlich vom vorigen; Burscheider Mauer am Kailbach; Landscheid am Salm; der Waldbezirk Rüfferscheid an der Salm;
der Wald Sauscheid ebenda; Büscheid an der Lieser südlich
von Wittlich; der Wald Elscheid und Dierscheid nordwestlich
von Hetzerath; die ausgegangenen Bergwälder Birkescheid und
Honsceid in der Nähe des Klosters Himmeroth; und das 1288
erwähnte wohl irgendwo an der Lieser gelegene Sellescheid.

Oestlich der Lieser an Alf und Uess liegen Hörscheid, Darscheid, Allscheid an den Quellen der Alf; der Eischeiderhof
nördlich vom Weinfelder Maar; Trittscheid, Tettscheid, Ettscheid und die Bergwälder Pahlscheid und Jennerscheid;
sodann Brockscheid, der Wald Hillscheid, Manderscheid a.
Lieser, Ellscheid nördlich vom Pulvermaar; hier auch das ausgegangene Hedelscheid; Walscheid südlich von Strohn; Will-
werscheid an der Alf und das ausgegangene Wispelscheid an
der Uess.

Nicht näher anzugeben ist die Lage des ausgegangenen Sconen-
sceid, und des Bergwaldes Frankscheid.

Auch wenn wir den andern nach Norden fliefsenden Eifelflufs,
die Erft, stromauf zu seinen Quellen verfolgen, stofsen wir auf

Ortsnamen auf -scheid. So liegt südlich von Münstermeifeld Eicherscheid, weiterhin der Wiescheiderhof und der Lingscheiderhof, sodann Langscheid an der Erftquelle; dann auf
der Wasserscheide nach der Ahr hinüber liegt: Reckerscheid,
Willerscheid, Müdscheid, Hilterscheid, Pittscheid,
Haarscheid, Sierscheid und Nitterscheid; zerstreut finden
sich ferner: Reiferscheid nordwestlich von Adenau, Langscheid östlich von Adenau an den Nettequellen; Wollscheid an
den Quellen der Brohl; bei Kempenich mufs das ausgegangene
Gudilscheit gelegen haben. Nördlich vorgeschoben ist Burdscheid,
ein Hof nördlich von Altenahr, und Berscheid oder Perscheid
südlich von Rheinbach. Südlich von Adenau bilden am untern
Trierbach eine kleine Gruppe Wiesemscheid, Kirmuthscheid,
Trierscheid und Sennscheid. Dicht bei Adenau liegt Breidscheid; nordwestlich von Arenberg die Försterei Gierscheid;
bei Blankenheim mufs das 1290 erwähnte Prinscheid gelegen
haben; endlich liegen auf der Höhe zwischen Elz und Nitze der
Wald Edscheid und das Dorf Ditscheid.

Diese etwa 160 Orte, 15 nördliche versprengte abgerechnet,
bilden deutlich zwei Gruppen.

Die dichteste und umfangreichste Gruppe liegt in den Bezirken
Schleiden, Prüm, Dasburg, Diekirch, Bitburg, etwa 140 Oerter um-
fassend. Die andere liegt in der Vordereifel an den Quellen der
Brohl, der Nette, der Erft, und an der mittlern Ahr. Die erste Gruppe
reicht mit abnehmender Dichtigkeit durch Luxenburg bis zur fran-
zösischen Sprachgrenze (hier die Namen auf -schette) und östlich
erstreckt sie sich immer lockerer werdend über die Kyll zur Lieser,
Salm, Uess. Die zweite Gruppe hängt mit der ersten zusammen
durch Bescheid östlich Gemünd und zerfällt in mehrere kleinere
Untergruppen.

Südlich der Mosel finden sich einzeln bei Boppard das ausgegangene Frankensceyd und der Wald Gallscheid; dann liegt
eine zusammenhängende Gruppe bei Oberwesel gegenüber Dörscheid und zwar findet sich südlich von Oberwesel nach Bacharach
zu: Langscheid, Damscheid, Perscheid, Breitscheid,
südlich von Bacharach Medenscheid, Rayerscheid an den
Quellen des Simmerbaches; bei Kastellaun der Framscheider Wald
und Ebschied, nordwestlicher Lamschied und Basselscheid.

Dann liegen am Soonwald und zwar östlich vom Simmerbach:
Mutterschied und Mengerschied; zwischen Simmer- und
Hahnenbach um Kirchberg: Buschied, Wald und Ort nördlich

von Kirchberg; Halschied, Wald und Försterei südlich von Kirchberg und Brauschied, Wald und Försterei westlich von Kirchberg; irgendwo hier liegt auch das 1295 genannte Erbscheid; nordwestlicher auf der Wasserscheide nach der Mosel hin liegt Löffelscheid; an der Mosel selbst bei Zell Linscheid; südlicher immer noch zwischen Simmer- und Hahnenbach finden sich: Sohrscheid am Sohrbach, Lindenschied, Dickenschied, und an der Lützel-Soon Schlierschied und Bruschied; westlich vom Hahnenbach liegt Sonnschied und Griebelschied; am Südabhang des Soonwalds Ippenschied.

Am Idarwald liegen und zwar am Nordabhang: Hochscheid, Merscheid und Moorscheid; am Südabhang: Ascheid, Göttschied und Dorf und Wald Mörschied. Am Hochwald: nördlich: Hilscheid, Burtscheid, Rascheid, Bescheid, Lorscheid, wahrscheinlich auch das ausgegangene Buelscheit, ferner Morscheid a. Ruwer, Kernscheid südöstlich von Trier, und der Roscheiderhof zwischen Trier und Conz; mitten im Hochwald liegt der Hof Einscheid; am Südabhange Sauscheid; westlich von Hermeskeil der Lascheiderhof und südwestlich von Sauscheid der Mühlscheiderhof. Vielleicht lag auch das 1274 genannte Heselscheyt irgendwo am Hochwald und das 1276 genannte Lunscheit irgendwo an der Mosel.

Südlich der Nahe liegen und zwar zwischen Nahe und Glan: Lauscheid nordwestlich von Meisenheim und Schweinscheid westlich von Meisenheim; an der Nahe östlich von Birkenfeld findet sich der Peetschied-Berg und östlich der Nahequelle Reidscheid. Im Saargebiet findet sich östlich der Prims: der Engscheiderhof, Knorrscheid, Fahlscheid, Hierscheid, Lindscheid, Auscheid a. d. Prims; am Köllerthalerwald: nördlich: Lummerscheid, Wahlschied, Dorf und Berg Quierschied, Pflugscheid, Rietscheid; südlich: Sengscheid, der Triepscheiderhof und Scheidt, zu dem Scheidterberg, Scheidtermühle, Scheidterhammer und Scheidterhütten gehören, endlich östlich nach der Blies zu der Höllscheiderberg; vielleicht lag hier auch das 1252 erwähnte Habescheyt; östlich von Merzig zwischen Saar und Prims liegt der Wilscheiderhof und unterhalb Merzig findet sich noch ein Scheidwald.

Hier schliefsen sich an in Lothringen: Burscheid bei Saarburg, der 893 erwähnte Forst Cransceit und Happelscheid bei Saargemünd; Scheidt bei Forbach und der 1262 erwähnte Hof

Hunischeit bei Saarlouis; im Unterelsafs finden sich Bachscheid und Hochscheid.

An die Glangegend reihen sich die pfälzischen Orte Schaidt, Bisterscheid, Eichelscheid und Windschieds-Forsthaus; ferner die ausgegangenen Orte: Singescheit bei Ensheim und Oderichescheit nördlich von Weifsenburg.

Von zwei andern ausgegangenen Orten Inghescheet und Lysscheit läfst sich nur annehmen, dafs sie irgendwo im Rheinland gelegen haben.

Die Namen südlich der Mosel weisen keinen Mittelpunkt auf, wie die vorherbeschriebenen Namengruppen; sondern sie bilden Reihen, deren eine etwa von Oberwesel am Rhein ausgehend nördlich vom Soon-, Idar- und Hochwald an Trier vorbei bis zur Saar zieht, während eine andre südlich von diesen Bergen bis zum Köller- thalerwald und Saarbrücken und in ihren letzten Ausläufen bis nach Lothringen und dem untern Elsafs reicht; eine dritte endlich geht südlich der Nahe zwischen Nahe und Glan bis in die Pfalz hinein.

4. Während nun diese 6—700 Namen im südlichen Westfalen und in der Rheinprovinz ein zusammenhängendes Gebiet bilden, er- scheinen im ganzen übrigen Deutschland nur ganz spärliche und verstreute Namen auf -scheid. In Böhmen findet sich 2 mal Man- derscheid und die Pottscheiderhütten, in Oberfranken 2 mal Hirschaid und 1 mal Ramscheid oder Rehmscheid, in Schlesien Hegenscheidt, in Steiermark Rindscheid, in Niederösterreich Langscheid, Hochscheid und a. 1083 Richinsceit, jetzt „am Reich"! in Oberösterreich Lehmscheid, auch Lebenscheid und a. 1094 Holesceit am Wiener Wald; in Tirol Ladscheid, Pattscheid, und Pitscheid, in Krain Beis cheid, am Neckar Hohenscheid, in Oberbayern Teigscheid und in Niederbayern Waldscheid, d. h. in ganz Deutschland aufser jenem rheinisch-westfälischen Ge- biete keine 20.

Da drängt sich denn die Frage nach der Ursache dieser auf- fallenden Verteilung der Ortsnamen auf -scheid mit grofser Stärke auf. Ehe wir aber einen Versuch machen, dieses Vorkommen zu erklären, mögen noch einige Bemerkungen andrer Art über die Ortsnamen auf -scheid vorausgehen.

III.
Einige sachliche und sprachliche Bemerkungen über die Ortsnamen auf -scheid.

1. Zunächst sei nochmals darauf hingewiesen, dafs der oder das Scheid die Bedeutung scheidende Höhe, Wasserscheide hat. Das zeigen die Namen, welche nach dem Gewässer benannt sind, dessen Wasserscheide sie bilden; so liegt Lenscheid auf der Höhe zwischen Ruhr und Lenne; Nettenscheid zwischen Lenne und Nette bei Altena; Listerscheid am Liesterbach; Quintscheid am Quintbach; das alte Rotagasceid am Rotten; Sohrscheid am Sohrbach; Bierscheid am Bierbach; Merlscheid am Merlbach; Trierscheid am Trierbach; vermutlich hat Ellscheid seinen Namen vom Elbbach, an dem es liegt und Allscheid von der Alf, an deren Quelle es liegt.

Natürlich hiefsen die scheidenden Höhen vielfach schon -scheid, ehe menschliche Ansiedlungen auf oder an ihnen entstanden; denn noch heute heifsen eine Menge unbewohnter Bergwälder so. Mit dem Artikel, also noch als Appellativa erscheinen: der grofse Grünscheid, a. 1303 in nemore dicto Groynscheit; der Schiebenscheid; das Leuscheid, der Siebenscheid, der Haberscheid, der Ochsenscheid, der Gelscheid, der Hölverscheid.

Zahlreicher sind die Namen von Bergwäldern ohne Artikel, die also zu Eigennamen geworden sind, so der Bergwald Amelscheid, südlich Meinerzhagen, Arnscheid, südlich Bilstein a. d. Veischede, Aulenscheid in Kurhessen, Auscheidt zwischen Weil und Solmsbach; Bannscheid a. d. Veischede, Bellscheid in Kurhessen; Bescheid a. d. Veischede; Bohlscheid an der obern Oure, Bradscheid an der Kyll; Dackscheid zwischen Oure und Prüm; der Wald Cransceit, a. 893 erwähnt bei Saarburg; Edscheid, zwischen Elz und Nette; Elberscheid unweit der Biggequellen; Elscheid a. d. Lieser; der Wald Framscheid bei Oberwesel; Frankscheid, irgendwo in der Eifel; Gallscheid bei Boppard; Gisilbretscheid, 1179 als ein dem Kloster Rommersdorf gehöriger Wald erwähnt; Birkescheit im 13. Jhd. als ein dem Kloster Himmeroth gehöriger Wald erwähnt; Habichtscheid bei Meschede; Hattenscheid bei Sinzig; Hilscheid a. d. Lieser; Hoppelscheid zwischen Lenne und Volme; Jennerscheid und Jetscheid a. d. Lieser; Kretscheid ebenda; Lichtenscheid auf dem Gipfel des kahlen Astenberges; Lobscheid bei Gummersbach;

Mörscheid am Idarwald; Mortscheid, ein a. 1220 in Luxenburg
genannter Wald; Pahlscheid a. d. Lieser; Peetscheid a. d.
Nahe; Prümscheid, ein 600 Meter hoher Berg a. d. Lieser;
Reiterscheid am Olefbach; Römerscheid bei Gummersbach;
Rüffelscheid und Sauscheid an der Salmbach; und Wanscheid
an der Kyll. Berg und Wald sind hier unzertrennlich, denn kahle
Berge giebt es noch heute nur wenige in diesem Gebiete und gab
es sicherlich früher noch weniger.

Entstand nun eine Ansiedlung an einem solchen -scheid, so
ging der Name desselben an sie über. Lehrreich sind dafür die
Fälle, wo noch heute neben dem Dorfe der Bergwald seinen Namen
bewahrt hat. So liegt an dem langgestreckten Leuscheid, der
Wasserscheide zwischen Sieg und Wied, das Dorf Leuscheid; so am
Bergwald Dackscheid das Dorf gleichen Namens. Eigentümlich
liegt die Sache mit dem Dorfe Grönscheid an der Wupper; es
heifst a. 1216 Grunscheit, aber seit dem 14. Jahrhundert ist die
dialektische Form Groynscheit nachzuweisen und diese ist in dem
Namen des Dorfes fest geworden; dagegen der grofse Bergwald in
seiner Nähe heifst heute noch der grofse Grünscheid, offenbar
weil die Bedeutung des Adjektivums grün in dem Waldnamen
lebendig gefühlt wurde, in dem Dorfnamen aber weniger. Auch am
Hölverscheid an der Wupper liegt ein Dorf gleichen Namens,
ebenso am Bergwald Lobscheid und Römerscheid bei Gummersbach und Mörschied im Idarwald.

Bei der Bezeichnung des Ortes nach dem Bergwalde gebrauchte
man entweder eine Präposition mit dem Dativ oder kurzweg den
Nominativ.

Die Präposition ist noch in einer Reihe von Namen erhalten.
Man sagt und schreibt noch: am Adelscheid, am Enschede,
an Fahrenscheid, am Hohlenscheid, am Krüdenscheid,
im Linschede, öfters aufm Scheid, zu Schwagenscheid,
am Singscheid, zu Fingscheid, am Grofsenscheid, auf
dem grofsen und auf dem kleinen Scheid; in vielen andern
Fällen spricht das Volk noch die Präposition, aber sie ist aus dem
Schriftgebrauch geschwunden.

In einer Anzahl von Fällen ist die Präposition zwar geschwunden, aber der Dativ noch erkennbar; entweder indem e von
schede, worüber schon oben gehandelt worden ist, oder in dem
Kompositionsadjektiv. Von dieser auch in andern Ortsnamen sehr
häufigen und bekannten Erscheinung nur wenige Beispiele: Bredenscheid und Breidenscheid erklären sich als entstanden aus

„auf dem breiten Scheid". Daneben erscheint häufiger die Form
Breidscheid oder Breitscheid; dies ist der Nominativ. Das
Breitscheid auf dem hohen Westerwald heifst a. 1190 Bredinscheit.
Brenschede a. Ruhr heifst a. 1313 in Bredenscede. Das a. 813
erwähnte Deofansceid würde jetzt Tiefenscheid lauten; derselbe
Dativ zeigt sich in Dickenscheidt, Hohenscheid, Grofsen- und
Wenigen-Hohenscheid bei Hersfeld; in Kaltenscheid, Cru-
menscheit a. Lenne a. 1413; Langenscheid; Lichtenscheid
und andern.

In vielen andern Fällen ist nach Wegfall der Präposition der
Dativ unerkennbar geworden.

Was sich aus der Betrachtung der sprachlichen Form der Namen
auf -scheid ergiebt, bestätigt der Augenschein. Mir ist die Lage
einer grofsen Anzahl von Orten auf -scheid in Rheinland und Westfalen aus „Ocularinspektion" bekannt. Sie liegen fast ausnahmslos
hoch oben auf einem Bergrücken; zwar nicht gerade auf der Wasserscheide selbst, — da ist es zu rauh — aber nicht viel unterhalb
an einem der Abhänge. Sie sind meist weithin sichtbar, besonders
die Kirchdörfer.

Ausnahmen kommen vor; zumal die Mühlen liegen natürlich
unten am Wasser; diese haben dann ihren Namen von dem Scheid,
an dem, nicht auf dem sie liegen.

2. Lenken wir nun unsere Aufmerksamkeit auf die Bestimmungswörter unserer Namen auf -scheid, so sehen wir uns gezwungen
einzugestehen, dafs wir nur einen geringen Teil derselben mit Sicher-
heit deuten können. Nur etwa von einem Viertel sind uns ältere
Formen überliefert und auch diese führen nur in der Minderzahl
der Fälle zu einer sichern Erklärung. Müssen wir uns also auch
sehr bescheiden, so lassen sich doch folgende Klassen aufstellen:

a) die Orte, welche nach dem Gewässer genannt sind, dessen
Wasserscheide sie bilden. Sie sind schon oben genannt, es sind
Lenscheid, Nettenscheid, Liesterscheid, Quintscheid,
Sohrschied, Rotagasceid, Bierscheid, Merlscheid, Trier-
scheid, Ehlscheid, Allscheid. Ich füge Sonschied hinzu,
das nach dem Soonwald, an dessen Westgrenze es liegt, genannt ist.

b) Orte, die nach der natürlichen Beschaffenheit des Scheids
heifsen: Ein schmaler Scheid heifst Angschied oder Angeschied,
Engscheid-erhof, und Schmalscheid; ein breiter Bredenscheid,
Breidscheid, Breitscheid, Breitenscheid und Dickenscheid, Dickerscheid, Dickscheid, ein niedriger: Deofansceid, Höhnscheid, Hönscheid, (zu hön = niedrig), und Klein-

scheid; das Gegenteil ist Grofsenscheid, Grofsscheid, Hochscheid, Hohenscheid. Ein langer Scheid heifst Langenscheid, Langschede, Langscheid und Langschied. Nach
der Farbe, die er aus der Ferne zeigt, heifst er Gelscheid, Grönscheid, Grünscheid, Grunescheid; nach der Lage zu dem
nächsten Orte heifst er Nordenscheid, Ostscheid, West-
scheid, Neerscheid, Nitterscheid (Niederscheid), Ueberscheid.
Ein gekrümmter Scheid heifst Crumenscheid, Krumscheid;
ein Ort auf der Nordseite in kalter Lage heifst Winterscheid,
Kalterscheid.

Ein Scheid, der im Hintergrunde eines Thales liegt, heifst
Echtenscheid (von achten = hinten); zieht sich ein tief eingeschnit-
tenes Thal in ihn hinein, so ist es ein Hohlenscheid, Holesceit;
etwas anders gestaltet ist ein Kesselscheid. Ein bergartig iso-
lierter Scheid ist Bergscheid; leicht verständlich sind die Namen
Auscheid, Bachscheid, Bornscheid, Steinscheid, Wiesemscheid, Weidscheid; Hülscheid gehört zu hüls = gestrüpp;
Lierscheid a. 871 Liorscheyt dürfte ein Scheid mit einzelnen
kahlen Stellen sein; Marscheid, Mehrscheid, Mörschied,
Morscheid gehören zu mar, mor = see, teich, sumpf. Schlier-
scheid und Schlürscheid gehören zu Schlier = Lehm, Schlick,
und Solscheid, Sollscheid zu sohl, suhl = Pfütze.

Zur Ergänzung können hier die Flurnamen herangezogen wer-
den. Auch unter ihnen ist Bergscheid, Bornscheid, Breitscheid,
Dickscheid, Grünscheid, Hochscheid, Hohenscheid,
Lichtescheid Langscheid, Niederscheid, Oberscheid,
Rothescheid und Rothscheid zu finden; dazu kommt
Dünnscheid, das Gegenstück zu Dickscheid, Gähescheid,
Grauscheid, Hinterscheid, gleich altem Echtenscheid und
Rauhscheid.

Von der Bewaldung sind benannt: Waldscheid, Strauscheid (für Strauchscheid), Krautscheid (Heidekraut);
Eicherscheid, a. 983 Eichineskeit, Eickenscheid, 9 Jhd. Ekansceth, Bucherscheid, Birkscheid, Espenschied, Heisterscheid (Heister = Rüster, Ulme, überhaupt junger Wald), Heselscheyt (Hasel), Lindscheid, Lindenscheid, wohl auch einige
Linscheid, Manderscheid (Kiefer); unter den Flurnamen findet
sich auch Eschenschied und Molberschied (Molbern sind die
blauen Waldbeeren). Unter den Personennamen in Elberfeld habe
ich einen Thanscheid gefunden.

Von den Tieren, welche im Scheid hausen, haben ihren Namen:

Arnscheid (Aar), Eulscheid, Dubenscheid, 14. Jhd. Dubinscheid (wilde Taube), Habichscheit, Habichtscheid, vielleicht
auch Habscheid; zu hirsch, ahd. hiruz, altsächs. hirut gehört nicht
nur Hirschaid, sondern auch Hillscheid, das 1363 Hyrscheid
und um 1000 Hirusceit heifst. Ferner auch einige der zahlreichen
Herscheid; das am Ebbegebirge heifst 1072 Hiruthscetha und
Hertsceido. Von Raben sind genannt Rabenscheid und Ramscheid; ferner gehören hierher Rayerschied, Sauscheid,
Schweinschied und Wollscheid, das wahrscheinlich für Wolf-
scheid steht. Unter den Flurnamen findet sich Aulenscheid
(ulula), Hillscheid und Herscheid, Hühnerscheid (doch wohl
Rebhuhn, Haselhuhn, Birkhuhn), Meisengesceid, und Ramscheid.

c) Orte, die ihren Namen von menschlicher Benutzung haben.
Ochsenscheid, Rindscheid und Kuhscheid deuten auf
Weidewirtschaft; Brandscheid auf das Niederbrennen des Waldes;
dazu gehören vielleicht auch einige Brenscheid, während andre
aus Bredenscheid entstanden sind. Zum Verbum büwen, das den
Ackerbau bezeichnet und dem davon abgeleiteten bür gehören
wenigstens zum Teil die zahlreichen Burscheid und Burschede;
Burscheid am Kailbach heifst aber 1292 Burxeit und gehört zu dem
benachbarten Orte Burg. Auch das Wort Land bedeutet vorzugs-
weise Ackerland und steckt in dem häufigen Landscheid, wahrscheinlich auch in Lascheid; der Plural erscheint in Lenderscheid. Auf den Ackerbau weist auch Pflugscheidt; und auf das
Mahlen des Getreides Mühlscheid und Möllerscheid.

Gericht gehalten wurde auf den Mahlbergen; ein solcher Ge-
richtsort war auch der Mahlscheid im Siegerland.

Eine politische Grenze scheint Kirmuthscheid zu bezeichnen.
Kirmuth heifst im Rheinland die Abgabe des Hörigen an seinen
Herrn, die sonst Besthaupt genannt wird. Kirchscheid hat mit
der Kirche nichts zu thun, da es a. 1070 einfach Scheida, im 12. Jhd.
aber Kercich genannt wird.

Leuscheid, ein langer Höhenzug zwischen Sieg und Wied,
steht wohl für Leutscheid und war zu irgend einer Zeit eine Stamm-
grenze. Frankscheid und Frankensceyt enthält sicher den
Namen der Franken; ob auch Sassenscheid den der Sachsen?

Fahlenscheid an der Griesemert, soll an einer alten Grenze
der Westfalen und Franken liegen. Ob wohl in den verschiedenen
Reiferscheid der Name der Ripuarier steckt? Reiferscheid im
Westerwald heifst a. 1276 Ripherscheid.

d) Orte, die ihren Namen von ihrem Besitzer haben, offenbar
die jüngste Klasse.

Hierher gehört Pfaffenscheid, die Besitzung eines Geistlichen oder der Kirche; einem Gisilbert gehörte der Gisilbretscheid, einem Günther Günderscheid, einem Heinrich Heinerscheid, einem Konrad Kurtscheid; Liebenscheid, älter Leybulscheid, weist auf Leubold, Lipperscheid auf Liutbert, Lüdenscheid heißt ursprünglich Luidolvesscheid; Wernscheid dürfte zu Werner und Wöllmerscheid zu Woldemar gehören.

Außerdem gehören vielleicht noch manche andre hierher, deren erster Teil zu sehr verändert ist, um ein sicheres Urteil zu erlauben; doch ist dieser Teil der Namen nicht sehr zahlreich, ein Zeichen, daß wir es mit verhältnismäßig alten Bildungen zu thun haben.

3. Ein Vorwiegen besonderer Bestimmungswörter in einem bestimmten Teile des Verbreitungsgebietes ist nicht zu bemerken. Ein ziemlich enger Kreis von Vorstellungen ist es, der sich überall wiederholt. So finden wir Bredenscheid bei Bochum, Breidscheid bei Ratingen und bei Adenau in der Eifel; Breitenscheid in Hessen; Breitscheid bei Hamm a. Sieg, an der Wied, an der Dillquelle, bei Oberwesel, am Holzbach und zwischen Agger und Bröhl; außerdem mehrfach als Flurnamen; Hochscheid bei Gerresheim, im Unter-Elsaß, an der Wied, am Idarwald, und zwischen Salm und Lieser in der Eifel; Hohenscheid am Neckar, an der Wupper und in Hessen; Langenscheid an der Ennepe und an der Lahn, Langscheid in Niederöstreich, an der Hönne in Westfalen, an der Ennepe, an der Wied, an der Erft, an der Nette, bei Bacharach und als Flurnamen in Nassau. Auffallender ist aber, daß auch seltenere Bestimmungswörter sich mehrfach wiederholen. So heißt Amelscheid eine Höhe südlich von Meinerzhagen und ein Dorf an der Schneifel; so entsprechen sich Ascheid am Holzbach, älter Arscheid und die Aschiedermühle am Idarwald; Bescheid, ein Wald südlich von Bielstein (Lenne) und ein Dorf an der Urft (Eifel); dazu tritt Bescheid am Nordabhang des Hochwaldes, das ursprünglich Bachsceith hieß; Bohlscheid, ein Dorf zwischen Sieg und Bröl, heißt so wie ein Wald nordwestlich der Schneifel; Brandscheid auf dem Westerwald stimmt zu Brandscheid in der Eifel; Bremscheid findet sich südwestlich von Meschede, an der Lenne und an der Wied; Bruscheid bei Kronenberg (Elberfeld) entspricht Bruschied an der Lützelsoon; Burschede zwischen Ennepe und Ruhr entspricht Burscheid südlich der Wupper, zwischen Oure und Prüm, zwischen Sauer und Altert und in Luxemburg; ferner Burscheidt a. d. Ruhr bei Ratingen; Darscheid findet sich zwischen Sieg und Rhein und an den Quellen der Alf; Ditscheid

bei Asbach (Westerwald) und zwischen Elz und Nitze (Eifel); D o r -
s c h e i d in Nassau und in Luxenburg; E n s c h e d e in Overyssel
und im Sauerland an der obersten Ruhr; E t t s c h e i d a. d. Wied
entspricht einem Ettscheid a. d. Lieser und einem dritten a. d. Oure;
H a b e r s c h e i d in Waldeck erscheint auch am Holzbach im Westerwald;
H a a r s c h e i d findet sich zwischen den beiden Brölbächen (Sieg),
zwischen Ahr und Erft in der Vordereifel und bei Niedeggen in der Hin-
tereifel; H e r s c h e d e liegt bei Meschede, H e r s c h e i d an der Lenne,
am Ebbegebirge, an der Wupper, an der Dhün, an der Schneifel,
zwischen Kyll und Lieser und als Flurname in Nassau; H ü l l s c h e i d
liegt an der Lenne, an der Bröl, an der Sieg und an der Schneifel;
K r a u t s c h e i d kommt vor an der Wied und zwischen Oure und
Prüm; L a s c h e i d findet sich zwischen Sieg und Rhein, an der
Oure, an der Schneifel, zwischen Prüm und Nims; dazu kommt ein
L a s c h e i d e r h o f westlich von Hermeskeil; L i n d s c h e i d, L i n -
s c h e i d, L i n s c h e d e kehrt an verschiedenen Stellen, im ganzen 15 mal
wieder; M a n d e r s c h e i d, liegt an der Lieser, ferner zwischen Oure
und Prüm, zwischen Oure und Sauer und noch 2 mal in Böhmen. M e r -
s c h e i d findet sich bei Solingen, am Idarwald und 2 mal in Luxenburg;
P a t t s c h e i d findet sich an der Wupper und in Tirol; R a m s c h e i d
bei Meschede, ferner an den Quellen des Olefbachs (Eifel) und in
Oberfranken; dazu kommt R a m s c h i e d an der Wisper (Nassau)
und R a b e n s c h e i d im hohen Westerwald; R e i f e r s c h e i d findet
sich an der Wied, an der Bröl, an der Urft und an der Ahr;
R ö m e r s c h e i d bei Gummersbach und bei Velbert; R o s c h e i d an
der Bigge (Sauerland) und an der Prüm (Eifel); dem S e l s c h e d e
an der obern Röhr (Sauerland) entspricht S e l l s c h e i d a. d. Lenne
und ein andres bei Velbert; ferner S e l s c h e i d in Luxenburg; W a n -
s c h e i d findet sich bei Breckerfeld (Ennepe) und an der Kyll;
W e l l s c h e i d im Hochwald entspricht einem W e l s c h e i d in Luxenburg; W i l l s c h e i d an der Wied einem andern am Olefbach (Eifel)
und dazu kommt noch der W i l l s c h e i d e r h o f östlich Merzig
zwischen Saar und Prims.

Vielleicht mögen einige der jetzt gleichlautenden Formen ursprünglich verschieden gewesen sein; immerhin bleiben eine gröfsere
Anzahl sehr auffallender Uebereinstimmungen übrig.

IV.
Die Namen auf -auel, -ohl.

Betrachtet man aufmerksam eine Spezialkarte der Gegenden,
wo die Namen auf -scheid besonders dicht gedrängt liegen, also
des Sauerlandes oder des untern Sieggebietes oder der Gegend
um die Schneifel, so findet man zwischen den Namen auf -scheid
gröfsere und kleinere Gruppen von Namen auf -ohl oder -auel einge-
sprengt; und zwar ist das Vorkommen dieser Namen auf diese Gegenden
beschränkt; aufserhalb derselben finden sie sich nur ganz vereinzelt.

1. So begegnet in Waldeck ein Bach Olpe bei Neukirchen
offenbar aus Ol-apa = Ohlwasser entstanden: bei Arnsberg findet
sich Freienohl, Olpe, und die ausgegangenen Orte Ole, Lenol,
und Binole, an der Wenne liegt Blessenohl und Bamenohl, am
Silberbach, einem Zuflufs der Lenne Hofolpe und Benolpe; an
der Bigge Langenohl, an der Mündung des Liesterbachs Liesternohl (weiter hinauf an demselben Bach Liesterscheid); weiter hinauf an der Bigge Weickenohl, Schneppenohl, Kirhefohl
(so lese ich auf der Generalstabskarte); an der Lenne Werdohle
und die ausgegangenen Orte Bredenole, Einole und Ole, während
Wintersohle wohl mit -sohle zusammengesetzt ist; an der
Ruhr östlich von Schwerte liegt Haus Ohle; an der Volme
Ohl und Rummenohl; westlich der Volme der Hof Linsen-
euel; am Ebbegebirge Langenohl; bei Gummersbach Ohl und
Crummenohl; an der obern Agger Rommelsohl und Benolpe
bei Drolshagen; ferner ein Ohl unterhalb Ründeroth und ein Ohl
unterhalb Engelskirchen; ferner ein Ohl an der Wiehl und ein Ohl
an der obern Sülze nördlich von Lindlar.

2. In dem zweiten Dichtigkeitsmittelpunkt der Namen auf -scheid
an der Sieg finden sich: bei Siegburg ein Dorf Auel, ein Gut Auel,
ein Weiler Auel, und eine Mühle Auel; ferner ein Auelshof, ein
Hof Aulsheck, ein Weiler Aüelen, ein Haus Aüelchen; an der
untern Sieg die Orte Oberauel, Büttgenauel oder nach der
Karte Bülgenauel, und Bourauel; an der Bröl finde ich die In-
gersauermühle; an der Agger unterhalb Altenhonrath Rosauel
und Haus Auel; bei Oberscheid den Auelerhof; südlich davon
den Auelshof; unterhalb Overath Turnisauel; am Naafbach
bei Selscheid den Ingersauelerhof, ferner gegenüber der Rosauel
Aüelchen und Krebsauel; bei Lohmar den Auelsbach; bei
Mühlheim am Rhein Ober-, Mittel- und Unterauel.

Dazu kommt im Bergischen das Gut Olpe südwestlich von Wipperfürth und der Hof Olpe bei Lüttringhausen (Kreis Lennep); im Westerwald Ober- und Nieder-Olfen bei Altenkirchen; in Nassau Auel bei Lierscheid und Aull bei Langenscheid a. Lahn.

3. In der Eifel findet sich zunächst an der Ahr ein Recher Auel und 893 ein jetzt verschwundenes Degeranauale.

Sodann liegt an der Rur oberhalb Düren eine ganze Reihe von Orten auf -auel, nämlich Weidenauel, Leiterauel, Ramsauel, Seifenauel, Rauchenauel, Habersauel, der Eschaulerhof, Morsauel oder Morsbachauel und Schwammenauel; bei Nideggen heifst auch ein Berg Mausauel, ursprünglich hiefs sicherlich die Wiese an seinem Fufse so. An der Urft findet sich bei Gemünd das Dorf Mauel, früher zum Auwel, sodann Krummenauel, Bolzenauel und Finkenauel; an der Prüm Mauel und Urmauel; an der obern Oure Auel, die Lascheidsauelmühle, die Dornauelsmühle und das Dorf Falkenauel bei Preischeid; an der Kyll liegt Auel westlich von Hillesheim, und ein Zuflufs der Kyll bei Speicher heifst Aulbach.

Endlich sei noch hingewiesen auf den Zuflufs der Urft namens Olef, 1130 Olefa, und auf den Nebenflufs der Oure namens Ulf. Vielleicht gehört auch die Olewig, die bei Trier in die Mosel mündet, hierher, alt Olevia, Olivia, wenn sie nicht etwa keltisch ist.

Aufserhalb des -scheid-Gebietes findet sich der Bach Ulf in der Wetterau, älter Olaffa, Oloffa, Olfe; der Ort Eulach bei Winterthur in der Schweiz, alt Olache und Altmünsterol im Elsafs.

4. Auel und ohl ist hervorgegangen aus aval; dies erscheint noch a. 893 in Degeranauale; aval ist durch auwel regelrecht einerseits in auel, andrerseits in ol, jetzt geschrieben ohl, übergegangen. Das Wort aval ist offenbar ein masculinum; darauf weist der Name „zum Auwel," wie curtis „ten ole" a. 1300 hin; auch ist an der Wied der Flurname „im Ahlen" nicht selten. „Ten ole" zeigt auch in Verbindung mit „de Ole" a. 1348, „in Lenole" a. 1193, „de Langenole" 1272 und „to dem frienole" und „in vryenole" im 14. Jhd.; sowie „Bredinole" um 1100, dafs die Formen auf e Dative des masculinums sind.

aval ist eine alte l-Ableitung von ava = Wasser, so gebildet wie nagel, strudel, nabel, wirbel, löffel. In der Bedeutung berührt es sich mit dem verwandten ouwa = Insel, Wiese am Wasser; doch ist seine Bedeutung spezieller. Wer je an der Rur von Düren aufwärts gewandert ist, wird die charakteristischen Formen eines

Auels in einer Reihe ausgeprägter Beispiele vor Augen bekommen haben. Die Rur windet sich in zahlreichen Schlangenlinien um die vorspringenden Buntsandstein- und Grauwackennasen; indem sie nun, wie jedes Gewässer, den Bogen allmählich immer convexer gestaltet, läfst sie zwischen sich und dem umflossenen Berge ein halbmondförmiges Stück Land entstehen, das in der Regel mit üppigem Grün bedeckt ist. Diese halbmondförmigen Wiesen zwischen Wasser und Berg heifsen Auel. So ist es auch an der Urft, Oure, Ahr und Sieg; an Lenne und Bigge wird es nicht anders sein. In den Flurnamen jedoch hat das Wort eine weitere Bedeutung und bezeichnet jede nasse Stelle, ja sogar ein Gosse zwischen Häusern.

V.
Zusammenfassung und vorläufige Ergebnisse.

Es hat sich somit folgendes ergeben:

1. Die Namen auf -scheide und -gescheid sind über ganz Deutschland verstreut; -scheide ist etwas häufiger in Schleswig-Holstein, -gescheid in den bajuvarischen Ländern.

2. Die Namen auf -scheid bilden eine kompakte Masse in Rheinland und Westfalen; innerhalb derselben lassen sich drei Dichtigkeitscentra erkennen, im S a u e r l a n d, im Gebiet der u n t e r n Sieg und Wied, um die S c h n e i f e l herum.

3. Die Bedeutung und der Charakter des Namen auf -scheid ist im ganzen Verbreitungsgebiet derselbe.

4. Es kehren dieselben Namen im Verbreitungsgebiete vielfach wieder.

5. Die Namen auf -auel und -ohl finden sich besonders in den Gebieten, wo die Namen auf -scheid ihre gröfste Dichtigkeit erreichen. Daraus ergiebt sich zunächst die Richtigkeit des oben mitgeteilten Satzes Förstemanns: An dem Deutschtum dieser ganzen Gruppe von Namen auf -scheid kann nicht gezweifelt werden.

Man kann „scheid" von „scheide" und „gescheid" so wenig trennen, wie „mund" (in Dortmund) von „münde" (in Angermünde) und „Gmünd," oder roth und rath (in Grefrath) von rode (in Osterrode, Gernrode) und Gereut (in Grütli). Nun sind aber die Namen auf -scheide und -gescheid über ganz Deutschland verbreitet, an ihrem Deutschtum kann man nicht zweifeln, also auch nicht an dem

Deutschtum der mit -scheid zusammengesetzten, das offenbar nur dialektisch von scheide und gescheid geschieden ist.

Ferner ergiebt die Bedeutung der deutschen Wurzel scheiden eine den Thatsachen aufs beste entsprechende Erklärung der Ortsnamen auf -scheid: sie bedeuten in weitaus den meisten Fällen eine Wasserscheide, einigemal eine politische Scheide.

Damit dürfte denn der mehrfach gemachte Versuch, die Namen auf -scheid in den Verdacht keltischer Abstammung zu bringen, endgültig zurückgewiesen sein.

Ein gleiches mufs von den Namen auf -ohl, -auel gelten. Sie lassen sich von den Namen auf -scheid nicht trennen, deren Korrelat sie bilden; wo die Berge zwischen Wasserläufen Scheid heifsen, heifsen die sichelförmigen Wiesen am Fufse derselben Auel, Ohl. Auch bei ihnen ergiebt die Ableitung aus dem Deutschen eine durchaus befriedigende Deutung. Ich mufs daher Müllenhof widersprechen, der in -ohl ein keltisches Wort annimmt.

Das zweite Ergebnis ist das, dafs wir d a s S a u e r l a n d, d i e S i e g m ü n d u n g und d a s G e b i e t u m d i e S c h n e i f e l als E t a p p e n a u f d e r W a n d e r- u n d S i e d e l u n g s s t r a f s e e i n e s d e u t s c h e n S t a m m e s a n z u s e h e n h a b e n.

Nur diese Annahme erklärt alle vorliegenden Thatsachen befriedigend; besonders zwingt die Wiederkehr so vieler Namen auf -scheid und der übereinstimmende Charakter der Bestimmungswörter zur Annahme eines gemeinsamen Ursprungs. Dafs die Richtung der Wanderung des betreffenden Stammes vom Sauerland nach der Siegmündung und von da nach der Eifel ging, ergiebt sich aus der gleich gerichteten Bewegung aller deutschen Wanderungen.

Ehe nun auf das Einzelne weiter eingegangen werden kann, mufs der Versuch gemacht werden, zu bestimmen, welchem deutschen Stamme wir die Namen auf -scheid und -auel zuschreiben dürfen.

VI.

Die Ampsivarier.

Während wir über die Bewohner des Rheinlandes schon von Caesar (50 vor Chr.) manches Wichtige hören, werden die Bewohner Westfalens erst in den schweren Kämpfen der ersten römischen Kaiser gegen die Deutschen erwähnt. Diese Kämpfe brachten sehr bedeutende Verschiebungen in den Wohnsitzen der westdeutschen

Stämme mit sich, welche etwa um das Jahr 100 n. Chr., als Tacitus seine Germania schrieb, zum Abschlufs gekommen waren.

Versuchen wir an der Hand der antiken Schriftsteller, Vellejus, Tacitus, Ptolemaeus, Florus, Cassius Dio, Strabo uns ein Bild von der Verteilung der deutschen Weststämme um diese Zeit zu machen, so gelangen wir zu folgenden Ergebnissen*).

Auf dem linken Rheinufer wohnten an der Mündung die Bataver, weiter hinauf bis Neufs die Cugerner, das sind die früheren Sygambrer; von Neufs bis oberhalb Sinzig (wahrscheinlich bis zur Mündung des Pfingstbaches bei Niederbreisig) die Ubier; dann folgten bis zur Nahe die keltischen Treviren.

Auf dem rechten Rheinufer wohnten den Trevirern gegenüber, also im heutigen Nassau, chattische Stämme, die Ingrionen und Intuergen; den Ubiern, also Köln gegenüber, die Tencterer (siehe Tac. hist. IV, 64); rheinabwärts, den Cugernern gegenüber, also abwärts von Düsseldorf, die Usiper (das ergiebt sich deutlich aus Cassius Dio 54, 32, 1 und aus Florus II, 30, 23).

An die Usiper schliefsen sich die Chattuarier und an diese die Canninefaten (dies folgt aus Velleius 2, 105 in Verbindung mit Tac. Germ. 32; die Chattuarier wohnten westlich von den Bructerern; ebenso die Chamaver; und dafs die Chattuarier südlich von den Chamavern wohnten, zeigt die Lage der spätern Gaue pagus Chattuariensis und Hamaland).

Eine dritte weiter östlich wohnende Reihe von Völkern bilden die Friesen an der Nordsee östlich von den Canninefaten, zwischen ihnen und den Chattuariern die Chamaver, südöstlich von diesen die Bructerer, von der südlichen Ems über die Lippe bis zur Ruhr (in ihnen sind vielleicht die in den Römerkämpfen stark mitgenommenen Marser aufgegangen).

Von den Tencterern östlich wohnen die Tubanten, also im Oberbergischen und an der obern Sieg; und von diesen östlich und südlich die Chatten.

Es bleibt somit eine Lücke, nämlich die Gegend östlich von den Usipern, südlich von den Bructerern, nördlich von den Tubanten, nordwestlich von den Chatten und westlich von den Cheruskern, die an der mittleren Weser bis nach dem Harze hin wohnten. Dies ist genau das heutige Sauerland an der obern Ruhr, Lenne, Bigge, Ennepe, Volme und um das Ebbegebirge herum.

In diesem Gebiete nun wohnten damals, das heifst um 100 n. Chr. die Ampsivarier.

Das ergiebt sich aus Folgendem.

*) Siehe die Karte am Ende des Buches.

3*

Die Ampsivarier müssen ursprünglich westlich von den Chauken gewohnt haben; also vielleicht an der untern Ems, mögen sie nun ihren Namen von der Ems = Amisia haben oder nicht. Sie waren wie die Chauken Bundesgenossen der Römer zur Zeit Armins unter ihrem Häuptling Boiocalus. Im Jahre 58 n. Chr., so erzählt Tac. annal. XIII, 55 u. ff. vertrieben die Chauken ihre Nachbarn, die Ampsivarier, aus ihren Sitzen. Letztere waren ein zahlreiches Volk (validior gens non modo sua copia, sed ...). Sie erschienen auf dem rechten Ufer des Niederrheines, wo weite Landstrecken brach lagen (agros vacuos et militum usui sepositos, d. h. wohl um als Weideland für das Vieh der Legionen zu dienen).

Diese Striche waren früher von den Chamavern, dann von den Tubanten und den Usipern besetzt gewesen, aber die Römer hatten keine dauernde Ansiedlung eines germanischen Volkes dort gelitten. Noch kurz vorher hatten sie die Friesen von dort vertrieben. Auch jetzt verbot der römische Befehlshaber die Niederlassung auf dem fraglichen Gebiet. Trotzdem sich der greise Ampsivarierhäuptling Boiocalus darauf berief „vinctum se rebellione Cherusca iussu Armini, mox Tiberio, Germanico ducibus stipendia meruisse et quinquaqinta annorum obsequio id quoque adiungere, quod gentem suam dicioni (Romanorum) subiceret." Die heimatlosen Ampsivarier drohten mit Gewalt und suchten Hilfe bei den Bructerern, Tencterern und entfernteren Stämmen (wohl Tubanten, Chatten); aber die Römer zwangen die Tencterer und Bructerer und die sonstigen Freunde der Ampsivarier dadurch, dafs sie bei Köln über den Rhein ins Gebiet der Tencterer eindrangen und von Obergermanien (von Coblenz aus?) ebenfalls mit einem Heere drohten, ihre Landsleute im Stich zu lassen. So wichen denn die Ampsivarier allein gelassen vom Rhein zurück (retro gens Ampsivariorum concessit). Die Usiper und Tubanten wiesen sie von ihrem Gebiete ab, ebenso die Chatten und die Cherusker (man wird hinzufügen dürfen, auch die Bructerer). Sie entschwanden den Blicken der Römer und schienen zu Grunde gegangen zu sein. Tacitus berichtet wenigstens: errore longo hospites egeni hostes in alieno quod inventutis erat caeduntur, imbellis aetas in praedam divisa est. In Wirklichkeit waren sie, wenn auch politisch für längere Zeit ohne Bedeutung, keineswegs vernichtet. Denn sie treten uns im 4. Jahrhundert wieder als einer der Hauptstämme der Franken entgegen. Sie müssen sich also zwischen den Völkern, die sie vergeblich um Aufnahme baten, in dem rauhen, gebirgigen Lande an Lenne und oberer Ruhr behauptet haben, eben im Sauerlande.

Dieser Meinung ist auch Zeuss, die Deutschen und die Nachbarstämme S. 341. 42.

Können wir somit mit grofser Wahrscheinlichkeit als Bewohner des Sauerlandes um das Jahr 100 n. Chr. die Ampsivarier annehmen, so wissen wir aus den nachfolgenden Jahrhunderten wieder fast nichts von den Schicksalen dieser Gegend. Erst gegen das Jahr 400 dämmert wieder das Licht der Geschichte über den Rheinlanden.

Um 400 sind die salischen Franken, die an den Batavern, Canninefaten, Cugernern (Sygambrern) und Chattuariern entstanden sind, zum Teil schon weit auf dem linken Rheinufer in der ehemaligen Provinz Germania inferior verbreitet. Dort trifft sie der Kaiser Julian.

Die Chattuarier waren wohl der östlichste Stamm dieser salischen Franken. Als im 6. Jahrhundert die Gauten (Geátas im Beowulf), ein Stamm der Nordgermanen im heutigen Gotland unter ihrem Könige Hygelac einen Raubzug nach dem Rhein machten, waren ihre Feinde die Friesen und die Hetvaren-Franken. Diese Stämme werden von den Chauken nach Westen gedrängt, die ihrerseits wohl von den Saxen (Warnen und Angeln?) in Bewegung gesetzt waren.

Ferner werden in dieser Zeit die Chamaven genannt, und als Hauptbestandteile der Franken am Mittelrhein die Brukterer und die Ampsivarier; in der notitia dignitatum erscheinen auch noch die Tubanten und die Mattiaker. Verschwunden dagegen sind die Usiper und die Tenkterer.

Ueber die damaligen Wohnsitze dieser mittelrheinischen später mit dem Gesamtnamen Ripuarier bezeichneten Stämme erfährt man einiges aus Gregors von Tours fränk. Geschichte, 2. 9. Er erzählt dort nach Sulpicius Alexander: Eo tempore (gemeint ist das Jahr 388) Genobaude, Marcomere et Sunnone ducibus Franci in Germaniam prorumpere (d. h. die Ripuarier fielen in Germania inferior ein); ac pluribus mortalium limite inrupto caesis etiam Coloniae metum incusserunt; d. h. sie bedrohten Köln; welcher limes gemeint ist, bleibt unklar. Bald darauf wird von dem Jahre 392 erzählt: eodem anno Arbogastes Sunnonem et Marcomerem subregulos Francorum gentilibus odiis insectans, Agrippinam rigente maxime hieme petiit, gnarus tuto omnes Franciae recessus penetrandos urendosque cum decussis foliis nudae atque arentes silvae insidiantes occulere non possent. Collecto ergo exercitu, transgressus Rhenum, Bructeros ripae proximos, pagum etiam quem Chamavi incolunt, depopulatus est, nullo unquam occursante, nisi quod pauci ex Ampsivariis et Catthis Marcomere duce in ulterio-

ribus collium iugis apparuere. Dazu bemerkt Zeuss ganz richtig
(S. 311): Der Zug war also von Köln aus auf dem östlichen Ufer
abwärts gerichtet, durch das Land der Bructerer an der Ruhr und
von da ins Gebiet der Chamaven, jenseits der Lippe; im Hintergrunde, auf den Höhen, zeigen sich Chatten und Ampsivarier. Es
folgt daraus, dafs damals (um 400 n. Chr. Geburt) gegenüber Köln
die Bructerer wohnten und dafs ihre nördlichen Nachbarn die
Chamaver waren. Da über die Sitze der Chatten kein Zweifel sein
kann, so müssen die Ampsivarier wohl zwischen den Bructerern
und den Chatten am Rhein zu suchen sein, d. h. an der Mündung
der Sieg und Wied. Die Stämme auf dem rechten Rheinufer folgen
sich um 400 n. Chr. von Nord nach Süd also in dieser Ordnung:
Friesen, Chauken, Chamaver, Bructerer, Ampsivarier, Chatten*).

Ueber die Sitze der Tubanten erfahren wir nichts; doch hindert
nichts anzunehmen, dafs sie in ihren alten Sitzen an der obern Sieg
geblieben sind. Die Usiper und Tenctererer sind verschwunden. Be-
denkt man, dafs damals schon alle diese Völker meist mit dem gemeinsamen Namen Franken genannt werden, und dafs durch diesen
neuen Namen sehr bald auch der Name der Ampsivarier und Bructerer verdrängt wird, so wird man es nicht für unwahrscheinlich
halten, dafs auch die Usiper und Tenctererer mit unter den Franken,
den späteren Ripuariern, verstanden werden. Sie werden in der
Rheinebene von Bonn abwärts auf dem rechten Ufer gewohnt haben
(sie waren ein Reitervolk) und mit den von den Bergen vorrücken-
den Bructerern und Ampsivariern zu dem neuen Stamme der ripuarischen Franken verschmolzen sein.

Im Laufe des 5. Jhd. nach Chr. sind nun nicht nur die salischen
Franken weiter in Gallien vorgedrungen und haben daselbst nach
Zerstörung des letzten Restes der Römerherrschaft das fränkische
Reich gegründet, sondern auch die ripuarischen Franken haben
den Rhein überschritten und sich jenseits angesiedelt. Im Jahre
412 ist Trier zum 2. mal und 440 zum 4. mal von Germanen
geplündert worden, um dieselbe Zeit auch Köln und Mainz. Sie
sind zuletzt von Aetius bekämpft worden, dann aber, in pace sus-
cepti sunt; 452 sind sie Bundesgenossen der Römer gegen Attila.

Ueber das nähere fehlen uns alle Nachrichten; wir wissen besonders aus schriftlicher Ueberlieferung nichts davon, wo die einzelnen
Stämme, die Chatten, die Ampsivarier, die Bructerer u. s. w. am
linken Rheinufer sich niedergelassen haben. Nur das ist bekannt,
dafs sie in einen schweren Kampf mit den Alemannen gerieten, die
_____
*) Siehe die Karte am Ende des Buches.

schon früher von Süden aus ziemlich weit stromabwärts am Rhein
sich ausgedehnt hatten, und daſs in diesem Kampfe die Alemannen
dem Bunde der salischen und ripuarischen Franken (und so darf
man vermuten, auch der Chatten) erlagen.

VII.
Endergebnis.

Wenden wir uns nach diesem Gange durch die älteste Geschichte
der Rheinlande wieder der Gegenwart zu.

Arnold hat in seinem Buche: „Wanderungen und Siedelungen
deutscher Stämme" erwiesen, daſs die Gegenden zwischen Mosel und
Nahe von Chatten besiedelt worden sind. Und zwar ist ihm dieser
Nachweis durch die Vergleichung der heutigen Ortsnamen im chattischen Stammlande mit den linksrheinischen gelungen. Etwas
ähnliches kann man für die Ampsivarier versuchen.

Es ist erwiesen, daſs die Ampsivarier einst im Sauerlande
wohnten, und später an der untern Wied und Sieg; beide Gegenden
sind heute Mittelpunkte der Dichtigkeit der Ortsnamen auf -scheid
und -auel (ohl). Finden wir nun heutzutage an der Schneifel einen
dritten solchen Dichtigkeitsmittelpunkt für die Namen auf -scheid
und -auel, so wird es nicht zu kühn sein, anzunehmen, daſs die
Ampsivarier sich besonders um die Schneifel herum niedergelassen
haben. Man wird dabei von der Voraussetzung ausgehen dürfen,
daſs zwar die Ortsnamen auf -scheid, -scheide, -gescheid in ganz
Deutschland bekannt und gebraucht waren, daſs aber die Ampsivarier mit ganz besonderer Vorliebe die scheidenden Höhen -scheid
und die sichelförmigen Wiesen am Wasser -auel benannten; daſs
also eine dichtere Anhäufung dieser beiden Namen eine Ansiedlung
der Ampsivarier kennzeichnet.

Unter dieser Voraussetzung wird man nunmehr die Wanderungen
und Siedelungen der Ampsivarier folgendermaſsen schildern können*):

Die Ampsivarier saſsen bei Beginn unserer Zeitrechnung an
der Ems; vielleicht zeugen von dieser ihrer ältesten Heimat auch
die Namen Enschede und Leschede an der Ems. Sodann von
den Chauken vertrieben, gelangen sie nach längerem Umherwandern
(errore longo sagt Tacitus) ins Sauerland; hier haben sie sich rings
um das Ebbegebirge, besonders im Nordwesten desselben an Lenne,
Volme, Ennepe bis zur Ruhr aber auch an der Bigge und die Lenne

---

*) Siehe die Karte am Ende des Buches.

und Ruhr aufwärts bis an die Diemel ausgedehnt. Im Norden
bildete etwa die Ruhr die Grenze gegen die Bructerer, östlich
grenzten sie an die Cherusken, südöstlich an die Chatten und
südlich an die Tubanten. Die einzelnen Namen auf -scheid und
-auel im cheruskischen Waldeck und dem chattischen Hessen können
auf versprengte ampsivarische Ansiedler zurückgehen. Dazu pafst
es, dafs die Ansiedlungen in Hessen nicht recht gediehen und bis
auf wenige eingingen.

Als dann im 2. und 3. Jhd. die Volksmenge der deutschen
Stämme mehr und mehr zunahm, zugleich von Nordosten her die
sächsischen Stämme nachdrängten uud der Widerstand der römischen Heere am Rheine zu erschlaffen anfing, da einigten sich die
bis dahin vereinzelten Stämme der Rheindeutschen zu Offensivbünd-
nissen. In solchem Bunde müssen die Ampsivarier mit den Bructerern und mit den Chatten gestanden haben. Ein Teil der Ampsivarier scheint mit den Bructerern gemeinsam das Land an Ruhr
und Wupper bis zum Rhein besetzt zu haben; wobei die Rheinebene selbst den Tencterern verblieb; so erklären sich die nicht
ganz seltenen, wenn auch verstreuten Namen auf -scheid und -ohl
in diesen Gegenden. Die Hauptmasse der Ampsivarier dagegen
rückte durch die nach Südwesten hinabführenden Thäler der Sülze,
Agger, der beiden Brölbäche bis in die Gegend, wo diese Gewässer
sich mit der Sieg vereinigen und liefs sich an und hinter dem Siebengebirge nieder. Von hier überstiegen sie die Wasserscheide gegen
die Wied, das Leuscheid, und besetzten auch das mittlere Wiedgebiet
in geschlossener Masse. Hier finden wir sie am Ende des 4. Jhd.
unter ihrem Könige Markomer im Bunde mit den Chatten. Später
finden wir hier den Duizich-, Aval- und Engersgau. Wie der Duizichgau
von seinem Hauptort Deutz, der Engersgau von Engers, der gegen-
überliegende Bonngau von Bonn, dürfte auch der Avalgau von einem
der zahlreichen Auel, die in ihm an Sieg und Agger lagen und noch
liegen, seinen Namen haben, vielleicht von dem Dorfe Auel bei
Siegburg. Sollte nun nicht auch der höchste Berg des Auelgaus,
der den ganzen Gau weithin sichtbar überragt, und der sicherlich
eine alte Gerichtsstätte, vielleicht die für den ganzen Gau, trug, der
Oelberg, denselben Namen tragen, wie der Gau? Sollte nicht Oelberg
aus Aul- oder Aüelberg entstanden sein?

Dafs die Ampsivarier im Bunde mit den Chatten erscheinen,
dürfen wir als Fingerzeig benutzen, um die Namen auf -scheid und
-auel in Nassau zu erklären: ampsivarische Scharen werden den
Chatten im Kampfe mit den Alemannen, die auch Nassau eine Zeit-

lang besetzt hatten, beigestanden haben und sich dort niedergelassen haben. Die -scheidarme Gegend an der obern Sieg (im eigentlichen Siegerland) und an der Nister dürfte den Tubanten zuzuschreiben sein, die sich vielleicht auch in einem schmaien Streifen bis zum Rhein zwischen Wied und Saynbach durchgedrängt haben, wenn auch vielfach mit Ampsivariern und Chatten gemischt; dem würde der dem Siegerländer so nahe verwandte Saynische Dialekt in der Altenkircher und Dierdorfer Gegend entsprechen.

Im 5. Jhd. sind dann die Brukterer, Tencterer, Usiper, vielleicht auch ein Teil der Chamaver allenthalben von Bonn abwärts über den Rhein gegangen, mit ihnen auch ein Teil der Ampsivarier, denen wir die einzelnen Namen auf -scheid bei Geldern, Erkelenz, Heinsberg und bei Aachen zuschreiben dürfen. Die Hauptmasse der Ampsivarier aber ist von der Sieg und Wied aus das Ahr- und Nettethal hinaufgezogen und weiter bis zur Schneifel, um die herum sie sich ähnlich ansiedelten, wie im Sauerland um das Ebbegebirge. Hier sitzen sie in geschlossener Masse an der obern Rur, Urft, Olef, an der obern Oure und Sauer in Luxenburg, an der Prüm und Kyll, an Lieser, Salm und Alf. Im Westen reichen sie bis an die französische Sprachgrenze, im Süden bleiben sie fast überall ein gutes Stück von der Mosel entfernt, die man als die Wanderstrafse der Chatten wird ansehen müssen und im Südosten bildet das Mai-feld eine auffallend -scheidarme Gegend; sollten hier Tubanten sitzen, die von Sayn und Wied herübergekommen wären?

Die eigentliche neue Heimat der Ampsivarier sind die Gegenden von Montjoie, Schleiden, Prüm, Dasburg, Diekirch, Bittburg und Daun. Diese Gegend umfafst die Quellgebiete der Eifelflüsse mit ihren Aueln und innerhalb dieses Gebietes liegt auch der spätere pagus Aiflensis. Sollten die Ampsivarier aus dem Auelgau nicht hier den alten Namen ihrer Heimat wiederholt haben? d. h. sollte nicht Eifel*) mit Avalgau zusammenhängen? Dann würde die alte Vermutung, dafs die Eifel ihren Namen vom Wasser habe, sich be-stätigen.

Aber auch von Nassau aus müssen mit den Chatten vermischt Ampsivarier den Rhein überschritten haben. Bei Oberwesel liegt eine ganze Gruppe von Ortsnamen auf -scheid, die vermuten läfst, dafs hier eine Ampsivarierschaar überging und zum Teil sich nieder-

---

*) 762 pagus Efflinsis; beruht auf älterem Aflin aus Awalia, mit Ver-schiebung des Tones auf die erste Silbe und Verhärtung des w in f, wie in Kütig aus lat. cavea.

liefs; die andern zogen weiter teils nördlich vom Soon-, Idar- und
Hochwald bis zur Saar, teils südlich davon bis zum Köllerthalerwald
und Saarbrücken, ja bis Lothringen und ins Elsafs; andre endlich
noch südlicher über die Nahe und zwischen Nahe und Glan bis in
die Pfalz hinein, überall ihre Spuren durch Ortsnamen auf -scheid
verratend.

Was endlich die wenigen versprengten Namen auf -scheid und
-auel im übrigen Deutschland betrifft, so sind sie zum Teil auf
spätere Kolonisation zurückzuführen, wie die beiden Manderscheid
in Böhmen und Hegenscheidt in Schlesien, noch jünger dürften die
Pottscheiderhütten in Böhmen sein; andre mögen durch einzelne
zugewanderte Franken gegründet sein, noch andere können auch
bodenständig sein, da ja auch andre Stämme das Wort -scheid
kannten, wenn sie es auch nicht so mit Vorliebe anwandten, wie
die Ampsivarier.

Vielleicht schon in Folge der Wanderung an den Rhein, sicher
aber nach dem Uebergange eines grofsen Teiles der Bructerer und
Ampsivarier über den Rhein, war die alte Heimat in Westfalen an
die nachdrängenden Sachsen verloren gegangen. Man wird sich
nicht vorzustellen haben, dafs diese Gebiete gänzlich von den alten
Bewohnern geräumt wurden; es blieben sicherlich eine Anzahl zurück,
die sich aus irgend welchen Gründen von der Heimat nicht trennen
konnten; sie gingen in den neuen sächsischen Ansiedlern auf; über-
lieferten ihnen aber die Namen der Berge, Flüsse und Gehöfte. So
geschah es regelmäfsig bei Unterjochung eines Volkes durch ein
andres; vergl. unter andern Const. Koenen in den Rhein. Geschichts-
blättern 1891. Heft 2, S. 70. So erklärt sich die Erhaltung der
Namen auf -scheid und -ohl in den später sächsischen Gebieten des
Sauerlandes und Oberbergischen. Vielleicht haben auch die Westfalen den Begriff und Namen des Scheides und des Auels sich an-
geeignet und auf neue Ansiedlungen angewandt; besonders wo die
alten Siedlungen auf -scheid und -ohl sehr dicht lagen, konnte die
Analogie zur gleichen Benennung neuer Siedlungen führen.

Ob aufser den Ortsnamen von den Ampsivariern im Sauerlande
noch irgendwelche Spuren zeugen, ist mir nicht bekannt. Der Sauer-
länder unterscheidet sich durch Mundart und Sitte vom Münster-
länder; ob sich aber darin noch eine Nachwirkung der älteren Be-
völkerung, der Ampsivarier und Bructerer zeigt, oder andre Ursachen
hier wirken, mufs dahin gestellt bleiben.

Vorbemerkung zum Namenverzeichnis.

*   bedeutet, dafs der Ort nicht mehr existiert.

Görz = Görz, Mittelrheinische Regesten. Koblenz 4 bd.

Beyer = Beyer, Urkundenbuch zur Geschichte der Regierungsbezirke Koblenz und Trier. Koblenz 1860 ff.

Vogel = Vogel, Beschreibung des Herzogtums Nassau. Wiesbaden 1843.

Lc. = Lacomblet, Urkundenbuch für die Geschichte des Niederrheins. Düsseldorf 1840—58.

Arnold = Arnold, Ansiedlungen und Wanderungen deutscher Stämme. Marburg 1881.

Först. N. = Förstemann, Altdeutsches Namenbuch II. Ortsnamen Nordhausen 1872.

Kehrein = Kehrein, Nassauisches Namenbuch. Leipzig 1891.

Seibertz = Seibertz, Landes- und Rechtsgeschichte des Herzogtums Westfalen. Arnsberg 1843.

Günther = Günther, Codex diplomaticus Rheno-Mosellanus. Koblenz 1822—26.

Erhard = Erhard, regesta historiae Westfaliae. Münster 1847.

Dorf- und Bergnamen auf -scheid.

Adelscheid, am —, Kotten bei Wülfrat; zu Adalo.

Allscheid, dicht an der Quelle der Alf; wird auch Alt-scheid geschrieben; vielleicht aber aus Alfscheid entstanden.

Alperscheid, auch Alberscheid, bei Olpe a. d. Bigge.

Altscheid, zwischen Oure und Prüm, auch Alscheid; c. a. 800 Althasa? Görz I, 419.

Altscheid, Karte Alscheid westl. der Clerf in Luxbg.

Alscheid, Grofs- und Klein-, Höfe bei Ratingen links der untern Ruhr.

Amelscheid, ein Bergwald südl. von Meinerzhagen.

Amelscheid, Ort südl. der obern Oure an der Schneifel; nicht am Amelbach (Amblève), der etwas nördlicher fliefst; a. 893 Ambelsceyt, Beyer I, 154.

Augschied oder Angeschied a. d. Wisper, ebenso schon a. 1268 Vogel, S. 639.

Arnscheid, Bergwald südl. Bilstein a. d. Veischede.

Ascheid, Ort am Holzbach (Nbfl. der Wied); a. 1244 Henricus de Arsceit Beyer III, No. 805; a. 1257 Heinrich de Arscheit Lc. II, S. 424.

Aschiedermühle, am Südabhang des Idarwalds.

*Astarnascheit, in pago Bunnensi (bei Ottenheim, ³/₄ M n. Euskirchen) a. 856, Beyer I, S. 97.

Aulenscheid, Bergwald in Kurhessen.

Auscheid Ort an der Prims (Nbfl. der Saar).

Anscheidt, Bergrücken zwischen Weil und Solmsbach

Bachscheid im Unterelsafs.

Baunscheid, Bergwald a. d. Veischede.

Barnscheid, Ober- und Nieder-, Höfe bei Kettwig a. d. Ruhr; a. 1160 Heinrich de Bardensceide Lc. I. 402; a. 1139 Bantsscheid Lc. I, 333?

Basselscheid, nw. von Oberwesel nach der Mosel zu.

*Bauerscheid, ausgeg. Ort in Kurhessen zwischen Lollar und Kirchberg; a. 1487 Burschijt, Arnold, S. 345.

Baunscheid, a. d. Ennepe bei Hagen.

Bauscheid, am Holzbach.

Beenscheid, a d. Ennepe bei Hagen.

Beischeid, in Krain, sl. Psata, ob überhaupt hierher gehörig?

Belkenscheid, n. vom Ebbegebirge.

Bellscheid, bei Ratingen.

Bellscheid, Waldort in Kurhessen.

Belscheid, zw. Oure und Prüm; a. 1136 Belsceit, Beyer I, 544.

Bennerscheid, hinter d. Siebengeb.

Bergscheid zwischen Agger u. Sülze.

Bermscheid, Bezirk im Balver-Wald zwischen Lenne und Ruhr.

Berrescheid, zw. Olef und Rur*).

Berscheid, Ban-, bei Montabaur. a. 1200 Gerenscheid, Beyer II, S. 423.

Berscheid, Heil-, nicht weit vom vorigen, aber älter Bergenscheid, Vogel, S. 741

Berscheid, auch Perscheid, u. der Ahr, südl. Rheinbach.

Bescheid, zw. Oure und Prüm.

Bescheid, Bergwald südl. v. Bilstein an der Veischede.

Bescheid, östl. Gmünden a. Urft.

Bescheid, am Nordabhange des Hochwalds; a. 1030 Bachsceith, Beyer I, 853; a. 1277 Bascheid, Görz IV, No. 418.

*Bettenscheid, ausgeg. Ort in Kurhessen; a. 1330 Bettenscyd; Arnold S. 345; zu Betto, wie Bettenhausen, Bettendorf.

Beutenscheid, Höfe bei Velbert.

Bierscheid, am Bierbach (Bieberbach ?) zwischen Salm und Lieser.

Bietscheid, nördl. v. Köllerthalerwald.

Binscheid, zw. Oure und Prüm.

*Birkescheit, Wald bei Kloster Himmerode (Kreis Wittlich); a.1234 Birkescheit Görz II. No. 2137; a. 1235 Birscheit ebenda; a. 1239 Birkscheit Görz III. No. 114; a. 1274 Birkinscheid.

Bisterscheid, zw. Moschelbach u. Alsenz in der Pfalz; a. 1128 Bisderischeit Beyer I, 521.

Blascheid, zw. Alzette u. Sauer in Lxburg.

Bleischeid, östl. der Wied.

Blügenscheid, auch Blüggelscheid, s. ö. v. Meschede.

Bolscheid, auch Bohlscheid, Ober- u. Nieder-, zw. Sieg und Bröl bei Eitorf.

Bohlscheid, ein Bergwald an der obern Oure nw. der Schneifel.

Bornscheid, bei Lennep.

Bornscheid, zwischen Bröl und Sieg.

Borscheid, östl. der Wied.

Bouderscheid, zwischen Wiltz und Sauer (Lxbg).

Bourscheidermühle, bei Hallenberg Kr. Brilon.

Bradscheid, Bergwald östl. Densborn zw. Kill und Lieser; ? vielleicht a. 1287 Brandscheid, Görz IV. No. 1410.

Brandscheid, im Westerwald im Quellgebiet des Elbbachs.

Brandscheid, Unter- und Ober-, südwestl. v. d. Schneifel; a. 1405 Dietrich und Coyngen von Brantscheit Lc. IV, 40.

Branscheid; im Quellgebiet der Bröl bei Waldbröl.

Brauscbied, Försterei westl. v. Kirchberg im Hunsrück.

Bredenscheid, bei Bochum; 11. Jhd. Bredensceth. Först. N. II, S. 316.

Breidscheid, bei Ratingen; a. 1163 Breidscheid Lc. I, 406; a. 1302 Breytscheyd Lc. III, 18.

Breidscheid, südöstl. von Adenau (Eifel); a. 1155 de Breitsceit Beyer I, S. 652; a. 1157 de Brethsceit Beyer I, S. 657; a. 1216 de Breitsceit Görz II,

---

*) So schreibt man am besten den linkrh. Namensvetter der Ruhr, nicht holl. Roer.

1287; a. 1220 de Breitsceit Görz II, 1518.

*Breitenscheid, ausgeg. Ort in Nassau, Amt Wehen Kehrein, S. 170.

*Breitenscheid, ausgeg. Ort in Kurhessen bei Heina Arnold S. 344.

Breitscheid, südl. der Sieg bei Hamm.

Breitscheid, östl. der Wied.

Breitscheid, auf dem Westerwald im Quellgebiet der Dill; a. 1190 Bredinscheit, Kehrein S. 170.

Breitscheid, südl. von Oberwesel.

Breitscheid, am Holzbach.

Breitscheid, zwischen Agger u. Bröhl am Wahnbach.

*Bremenscheid, bei Wallenborn Kr. Daun; a. 1225 Beyer III, 205.

Bremscheid, zwischen Wied und Rhein.

Bremscheid, Nieder-, Ober-, südwestlich von Meschede im Gebiet der Wenne bei Eslohe; ? a. 1382 in Bredenscheid, Seibertz III, S. 533.

Bremscheid, östl. v. Altenhundem (Lenne).

Brenschede, an den Quellen der Röhr (Arnsberg).

Brenschede, auf der Karte Breschede, südlich von Meschede; a. 1313 in Bredenscede Seibertz III, S. 119.

Brenschede, nördl. v. Ebbegebirge.

Brenschede, bei Bochum.

Brenscheid, südl. Lüdenscheid.

Brenscheid, zwischen Lenne und Volme; westl. von Altena.

Brenscheid, zwischen Volme und Ennepe bei Breckerfeld.

Brenscheid, zwischen Volme und Ennepe nordw. v. Halver; a. 1364 in Brenscheide in par. de Halver Seibertz II, S. 601; in Brentscheide, ebenda.

Brenscheid, Hof westl. v. Altena zw. Lenne u. Volme.

Brenscheid, bei Werden an der Ruhr.

Brockenscheid, bei Recklinghausen Rgbzk. Münster.

Brockscheid, östl. der Lieser.

Broscheid, zwischen Wahnbach und Bröl.

Broscheid, bei Mettmann.

Brunscheid, südl. v. Altena.

Brunscheid, bei Kronenberg (Elberfeld).

Brunscheid, an der Lützelsoon.

*Buelcheit, nördl. v. Hochwald? a. 1274 Görz IV, No. 29.

Büscheid, a. d. Lieser.

Burdscheid, Hof nördlich von Altenahr.

Burschede, zwischen Ennepe u. Ruhr; a. 1300 in Bursceide Seibertz III, S. 107.

Burscheid, südl. der Wupper bei Opladen.

Burscheid, zwischen Oure und Prüm; a. 1430 Bernhart zu Borschait Lc. IV, 195.

Burscheid, zwischen Sauer und Attert in Luxburg; a. 1290 de Bourscheit Görz IV, No. 1730.

Burscheider Mauer, am Kailbach (Nbfl. der Kill); a. 1261 Burscheidterbach Görz III, No. 1707; a. 1292 de Burxeit Görz IV, No. 2011; in der Nähe liegt das Dorf Burg bei Landscheid.

Burscheid, bei Saarburg a. Saar; a. 1196 Konradus de Bursceit, archid. in Trier; Görz II, No. 771.

Burscheidt, bei Ratingen a. Ruhr.

Burtscheid, am Nordabhang des Hochwalds; a. 1330 Burscheit, Beyer III, S. 290.

Burtscheid, sw. v. Aachen, urspr. Abtei; a. 1029 Porcit, Lc. I, 166; a. 1039 Buorcit, Beyer I, 366, hat urspr. wohl nichts mit -scheid zu thun.

Bucherscheid, nw. v. Geilenkirchen.

Buschied, Wald u. Ort n. v. Kirschberg (Hunsrück).

Camscheid, zw. Volme und Ennepe, w. v. Halver.

Coorscheid, zw. Sieg und Rhein; a. 1064 Chorinscheid, Lc. I, 203; a. 1076 Kornscheidh, Lc. I, 228; a. 1131 Cuorneskeit, Günther I, S. 212; a. 1218 Curnesceith Lc. II, 79; a. 1223 Cornscheyt Görz II, 1624.

*Cransceit, im Kr. Saarburg, Forst dem Kl. Prüm gehörig. a. 893, Beyer I, 178.

Dackscheid, Dorf n. Berg zw. Oure
n. Prüm.

Dackscheid, zw. Prüm nnd Nims.

Dalmerscheid, Unter-, Ober-, im
Quellgebiet des Olefbachs (Nbfl. der
Urft).

Damscheid, südl. Oberwesel; a. 1257
Johannes de Dameseheit Beyer III.
S. 998; a. 1286 Emmelmann v. Dames-
ceit Görz IV, No. 1316.

Dankelscheid, bei Münster (Westfalen).

Danscheid, zw. Wied nnd Ahlbach

Darscheid, zw. Sieg n. Rhein.

Darscheid, a. d. Quelle der Alf.

Danfscheid, bei Aachen, zweifelhaft,
ob hierhergehörig, denn die Karte
hat Doffesheid.

*Deofanscheid, bei Prüm; a. 817
Förstem No. II, S. 469.

Derscheid zw. Wahn und Bröl.

Dickenscheid, zwischen Simmer- und
Hahnenbach; c. a. 1100 Dickesceit
Beyer I, 455; a. 1200 Dickesceit
Görz II, N. 868.

Dickerscheid, am Olefbach.

Dickschied, a. Wisper.

Dierscheid, a. Lieser nw. Hetzerath.

Dinschede, östl. Arnsberg a. Ruhr;
a. 1231 Dinterschede, Seibertz II,
S. 245; c. 1300 in Dindensceyde,
Seib. III, S. 111; a. 1338 Dinckenscede,
Seib. III, S. 284; a 1348 Dynttem-
schede, Seib. III, S. 529.

Ditscheid, a. Mehrbach bei Asbach

Ditscheid, zw. Elz nnd Nitze (Eifel).

Dörnscheid, an der Quolle der Bigge.

Düttscheid, hinterm Siebengebirge.

Dörscheid, gegenüber Oberwesel;
a. 1289 Derscheid, Kehrein, S. 181.

Dorscheid, w. der Oure in Luxburg.

Drescheid, Grofs- nnd Klein-, südw.
Altena.

Dröscbede, westl. Iserlohn.

*Dubenscheid, bei Oberaula in Kur-
hessen; im 14. Jhd. Dubinscheid Arnold,
S. 344; 1419 Dubenscheid, Arnold,
S. 344.

Dünschede, a. d. Bigge.

Dürrscheid, a d. Dhün.

Dürscheid, a d. Dhün; a. 1215 Marsilius de Durscheide, Lc. II, 72; a.
1227 Marsilius de Durschede Lc. II,
150; a. 1257 Johanna de Durschede
Lc. II, 445; a. 1281 Lambertus dictus
de Durseit Lic II, 753; a. 1352 Gylis
de Duyrscheit Lc. III, 507.

Ebscheid, östl. von Kastellaun; vielleicht a. 1136 Epischeit, Beyer I, 543.

Echtenscheid, Kotten b. Lüdenscheid.

Edscheid, Bergwald zw. Elz n Nitze;
a. 1408 Escheit, Günther IV, S. 600.

Eggerscheid, bei Ratingen a. Ruhr;
a. 1130 Dietr v. Echerscheid Lc. III,
249; a. 1411 Peter v. Eggerscheide
Lc. IV. 63.

Eggescheid, zw. Lenne a. Volme sw.
Altena.

Ehlscheid, östl. der Wied; a. 1428
Elscheit, Günther IV, S 302.

Ehrenscheider Mühle, b. Winterberg
Kr. Brilon.

Eichelscheid, in der Pfalz.

Eicherscheid, nw. von den Quellen
der Rur (Montjoie).

Eicherscheid, sw. von Münstereifel
a. Erft; a. 893 Eckinneskeit, Eichineskeit, Echinesceit, Beyer I, 176; 543.

Eickelscheid, Grofs- nnd Klein-, bei
Ratingen a. Rur; 9. Jhd. Ekonseed,
Lc. II, 234.

Eickenscheid, Karte Eickerscheid bei
Essen: 9. Jhd, Ekansceth Lc. I, 13;
a. 1241 Wilhelm de Eickensceiden
Lc. II, 254; a. 1243 Wilhelmus de he-
kescede Seib. II, 289; a. 1249 de Eyken-
scheid Lc. II, 352; a. 1272 de Eken-
scheyde Seib. S. 437; a. 1295 de
Ekenscede Seib. II, S. 566; a. 1299
de Eckensceide Lc II. 1040; a. 1305 de
eckenscheyde Seib. III, S. 24; a. 1308
de Eckenschede Lc. III, 63; a. 1329
de eckenscede Seib. III, S 328.

Eigelscheid, zw. Oure und Prüm.

Eilscheid, zw. Prüm und Nims.

Eimerscheid, a. d. obern Oure nw.
der Schneifel.

*Einscheid, bei Kyllburg a. Kill. u.
1279 Görz III, No. 2527.

Einschied, Hof im Hochwald bei
Hermeskeil; a. 1073 Einsceit Först.
N. II, 515.

Eischeid, Hof a. d Lieser unweit
des Weinfelder Maars.

Eischeid, Grofs- u. Klein-, zw. Bröl
u. Wahn.

Elberscheid, Bergwald a. d. Biggequellen.

Ellscheid, bei Mettmann a. d. Elb.

Elscheid, Bergwald a. d. Lieser.

Engscheiderhof, östl der Prims
(Nbfl. der Saar).

Enschede, Stadt in Overyssel (Holl.).

Enschedo, am —, a. d oberst. Ruhr.

Epscheid, auch Ebscheid b. Breckerfeld.

Erbscheid, auch Erbelscheid, Bergwald a. d. Bigge.

*Erbscheid, im Hunsrück a 1295
Görz IV, 2438.

Eschette, auf der Karte Eschet, zw.
Sauer und Attert in Luxemburg.

Espenschied, a. Wisper 1505 Espen-
scheit, Kehrein S. 194.

Ettelscheid, zw. Olef u. oberer Rur.

Ettscheid, Ober- u. Nieder-, an der
Nordwestecke der Wied.

Ettscheid, östl. der Lieser

Ettscheid, zw. Oure und Prüm.

Eulscheid, zw. Oure und Prüm.

Eutscheid, zw. Sieg und Wied.

Fahlenscheid, an der Griesemert
(Gebirgszug a. d. Lenne), alte Scheide
zwischen Westfalen und Franken s.
Seibertz I, 2 S. 2.

Fahrenscheid, zu-, Höfe bei Velbert.

Fallscheide, in Hannover.

Fallscheid, östl. der Prims im Saargebiet; a. 1165 Velscheit, Beyer I, 703;
a 1185 Velscheida Görz II, No. 533.

Feldscheid, in Niederbayern.

Feldscheide, 6 mal in Holstein.

*Fergeresced, im 9. Jhd. bei Köln?
Först. No. II, 547.

Feuerscheid, zwischen Prüm und
Nims.

Fingscheid, zu-, Höfe zwischen Elberfeld und Neviges.

Fingscheid, jetzt in die Stadt Barmen
aufgegangen.

Fischeiderhof, zwischen Sauer und
Attert in Luxemburg.

Flammerscheid, südl. der Wupper
bei Solingen.

Forkscheid, zwischen Agger und
Bröl.

Folschette, zwischen Sauer u. Attert
in Lxburg.

Framscheider Wald, bei Oberwesel;
a. 1508 Franschied Günther V, S. 154;
a. 1538 Fronscheid, Günther V, S. 250.

*Frankensceyt, bei Boppard? a. 1140
Görz I, 1966.

*Frankscheid, Bergwald in der Eifel;
a. 1367 Günther III, S. 731.

Froitscheid, an der obersten Rur.

Gallscheid, Walddistr. bei Boppard;
a. 1249 Galginscheid; Beyer III, S. 754.

Gelscheid der-, Bergwald bei Gummersbach.

Germscheid, auf der Wasserscheide
zwischen Wied u. Sieg bei Buchholz;
a. 1300 Germerscheid Görz IV, 3088.

Gerschede, der nordwestlichste Ort auf
-scheid rechts der Ruhr bei Borbeck.

Geschaidt, in Mittelfranken.

Gescheid, 2 mal in Baden.

Giebelscheid, a. d. Ruhr, Kreis
Meschede.

Gierscheid, zw. Sieg u. Wied.

Gierscheid, zw. Sieg und Rhein und
zwar Knipp-, und Ferne-; a. 1145
Richwin de Gersceit Lc. I, 354; a.
1210 Theodorich von Geresceit, Görz
II, 1115/16 und von Geyrscheit, Görz
II, 1115/16.

Gierscheid, eine Försterei nw. v.
Aremberg a. d. Ahr.

Giescheid, im Quellgebiet des Olefbachs (Kr. Schleiden).

*Gisilbretscheid, im Westerwald,
bei Engers? a. 1179 Wald dem Kloster
Rommersdorf gehörig, Görz II, S. 117.

Glockscheid, östl. der Wied.

Göttschied, am Südabhang des Idarwalds, nordöstl. v. Oberstein.

Goldscheid, östl. der Wied.

Gommerscheid, östl. der Wied; a. 1219 Gommerscheid, Beyer III, 107.

Greimelscheid, zw. Prüm und Nims.

Griebelschied, westl. v. Hahnenbach im Soonwalde.

Grünscheid, südl. der Wupper; a. 1216 Wolfart de Grunscheit Lc. II, 52 Anm.; a. 1260 Wolfart de Grunescebt Lc. II, 401; a. 1303 Gerkinus de Groynscheyt Lic. III, 29; a. 1352 Wolf von Gruynscheit Lc. III, 507.

Grofsenscheid, am-, bei Hückeswagen.

Grofsscheid, bei Geldern.

Grofsscheid, zw. Sieg und Rhein.

Grünscheid, zw. Agger u. Sülzbach.

Grünscheid, Hof bei Werden links der Ruhr.

Grünscheid, der grofse, Bergwald südlich der Wupper; nicht weit davon das Dorf Grönscheid; a. 1303 in nemore dicto Groynscheit Lc. III, 29.

*Grunescheid, Kapelle bei Burtscheid (Aachen); a. 1294 Lc. IV, 677.

Grumelscheid, westlich der Clerf in Luxenbg.

Gschaid, 8 mal in Niederbayern, 2 mal in Steiermark, 4 mal in Oberösterreich, 2 mal in Niederösterreich.

Gschaidbühel, in Niederbayern.

Gschaidhof, in Oberösterreich.

Gschaidmayer, in Oberösterreich.

Gschaidt, 2 mal in Niederbayern.

Gsched, in Niederbayern.

Gscheid, in Niederbayern.

Gscheidhof, 2 mal in Baden.

Gscheidviertel, in Steiermark.

Günderscheid, an der Nordwestecke der Wied.

*Gudilscheit, bei Kempenich (Laacher See)? a. 1341 Günther III, S. 435.

Gutschiedl, in Steiermark.

Habenscheid, Gut und Kirche südl. der Lahn; viell. a. 790 Abothisscheid; Beyer I, 39.

Haberscheid, am Holzbach.

Haberscheid, der, südl. v. Sachsenhausen in Waldeck.

*Habescheyt, Saar- und Bliesgegend; a. 1252; Beyer III, 873.

Habichscheid, in Kurhessen; im 14. Jhd.: Habischeit, Habescheit, Arnold, S. 385; a. 1484 Habichestete, Arnold, S. 345.

Habichtscheid, Bergwald an der Elpequelle sö. v. Meschede.

Habscheid, zw. Oure und Prüm; viell. a. 856 Abochescheid, Beyer I, 97; a. 1246 Hopscheid Lc. II, 300.

Hackelscheid, zw. Ruhr und Ennepe.

Hänscheid, zw. Bröl und Sieg.

Häscheid, a. d. Dhün.

Hagscheidt, bei Mettmann.

Hahnscheid, Dorn-, an der Dhün; a. 1273 Hof zume Haine Lc. II, 640.

Hallenscheid, w. v. Altena a. d. Lenne.

Halscheid, östlichster Ort auf -scheid zwischen Bröl und Sieg.

Halschied, Wald und Försterei, ö. Kirchberg im Hunsrück.

Halverscheid, zw. Volme u. Ennepe.

Hammerscheidter Mühle, bei Affeln Kr. Arnsberg.

Harnscheid, Unter-, Ober-, bei Werden a. Ruhr; a. 838 Hernatsced Förstem. N. II, 740; im 10. Jhd. Hertnedscethe Förstem. N. II, 740.

Harperscheid, bei Schleiden zw. Olef u. Ruhr.

Harrenscheid, auch Harnscheid; zw. Lenne u. Volme.

Haarscheid, a. d. obersten Rur.

Haarscheid, zw. Ahr und Erft.

Harscheid, b. Ruppichterod zw. den beiden Brölbächen.

Hascheid, bei Haan, nördl. d. Wupper.

*Haspelscheid, bei Saargemünd in Lothringen.

Hattenscheid, Wald bei Sinzig a. 1227 Lc. II, 148; a. 1267 Albert Hattscheid aus Sinzig Görz III, 2234.

Hatterscheid, zw. Bröl u. Sieg.

Hauscheid, Hof rechts der Ruhr bei Mülheim.

Havenscheid, zw. Lenne u. Volme;
a. 1300 in Habekensceyde Seibertz III,
S. 109.
*Havescheit, bei Nieder-Stadtfeld,
Kr. Daun; a. 1225, Beyer III, 206
Havkenscheid, Karte Hafkenscheid,
nördl. der Ruhr bei Bochum; a. 1487
Dietrich v Havekenscheide Lc. IV, 224.
Hayscheid, bei Mettmann.
Hebscheid, südl. v. Aachen, w. Cor-
nelimünster.
*Heckelscheid, b. Mersch in Lxburg;
a. 896 Förstem. N. II, 783.
Hechelscheid, a. d. obersten Rur.
*Hedelscheid, bei Gillenfeld a. Lieser?
a. 1136, Beyer I, 543.
Hegenscheidt, in Schlesien, Rgbzk.
Oppeln.
Hegenscheid, zw. Lenne u. Ruhr s.
Iserlohn.
Hegenscheid, südlich der Dhün.
Heiderscheid, zw. Sauer u. Attert
in Luxenburg.
Heidscheiderbach, zw. Wied und
Rhein bei Linz.
Heinerscheid, w. d. Oure in Lxburg.
Heischeid, a. d. Wiehl bei Waldbröl.
*Heisterscheid, in Kurhessen bei
Battenhausen a. 1245; Arnold S. 344.
Helmscheid n. Corbach in Waldeck;
im 9. Jhd. Helmonscede; Förstem.
N. II, 790.
Heppscheid, nw. d. Schneifel gegen
Malmedy.
Herbscheid, zw. Lenne u. Volme.
Herschede, Kolonie im Walde s.
Meschede.
Herscheid, s. d. Ebbegebirges; a. 1072
Hertsceido u. Hiruthscetha Seibertz
II, 33 u. Erhard I; a. 1101—31 Hert-
schet Seibertz II, 66; a. 1280 Hirz-
schit Seib. II, 475; a. 1445 Herschede
Lc. IV, 271; also sicher als Hirsch-
scheid zu erklären.
Herscheid, s. d. Wupper; vielleicht
a. 904 Herisceithe Lc. I, 83.
Herscheid, Drees-, Wüsten- u. Otto-
a. d. Dhün.
Herscheid, sö. d. Schneifel.

Vogt, Ortsnamen etc.

Herscheid, zw. Kill u. Lieser s. v.
Mürlenbach.
*Heselscheyt, am Hochwald; a. 1274
Görz IV, Nr. 29.
Hetterscheid, bei Velbert; a. 847 in
hestratescethe Lc. I, 63; a. 1098
Etterscheide Lc. I, 611; a. 1361
Heinrich Hetterscheid, Lc. III, 620.
Hierscheid, östl. der Prims.
Hilkerscheid, zw. Wied u. Rhein.
Hillerscheid, zwischen Agger und
Bröl bei Drabenderhöh.
Hillscheid, bei Montabaur; c. a. 1000
Hirnsceit, verschrieben statt Hirn-
sceit, Günther I, 30 (nach Wirtz,
Engersgau, S. 36); a. 1363 Hyrscheid,
Günther III, S. 709; a. 1392 Hirscheid,
Günther III, S. 885, gehört also zu
hiruz = hirsch.
Hilscheid, am Nordabhang des Hoch-
waldes; a. 1200 Richeza de Helscheide
Lc. II, 443.
Hilscheid, ein Bergwald ö. der Lieser.
Hilterscheid, auf der Höhe zwischen
Erft u. Ahr: a. 1136 Heltresceid,
Beyer I, 543.
Hirschaid, 2 mal in Oberfranken.
Hirtscheid, an der obern Nister
(Westerwald).
Hochscheid, bei Gerresheim ö. v.
Düsseldorf.
Hochscheid, im Unterelsass.
Hochscheid, ö. d. Wied.
Hochscheid, am Nordabhang des Idar-
waldes.
Hochscheid, zw. Salm und Lieser.
Höhnscheid, ö. Freienhagen in Wal-
deck.
Höscheid, n. der Wupper; a. 1189
Hartlif de Hesceidhe Lic. I, 520;
a. 1340 den hof tho Hoenscheyde Lc.
III, 354; a. 1352 Joh. von Hescheyde
Lc. III, 507.
Höllscheiderberg, ö. Saarbrücken
nach der Blies zu.
Hölverscheid, Bergwald u. Ort s. der
Wupper.
Hörscheid, zw. Sieg und Rhein.
Hönscheid, bei Naumburg in Kur-

4

hessen; a. 1235 Honscethe. Arnold,
S. 344.
Hörscheid, an der Alfquelle.
Hohenscheid, in Schwaben.
Hoheuscheid, n. der Wupper; a. 1318
Hermannus de Hohenscheit Lc. II, 213.
Hohenscheid, Grofsen-u. Wenigen-,
Hof bei Hersfeld; im 14/15 Jhd. Hohen-
scheit, Hoenscheit; jetzt Hubnstädt
Arnold S. 344.
Holenscheid, am-, bei Elberfeld.
Hohlscheiderbach, zw. Kill nnd
Lieser s. Dann.
*Holesceit, a. 1094 am Wienerwald,
Förstem. No. II, 825.
Homscheid, zw. Wied n. Rhein.
*Honsceid, a. 1157 Beyer I, 662, ein
Wald bei Wittlich, dem Kloster Him-
merod gehörig; a. 1237 Hoescheit;
1239 Hoenscheit.
Honscheid, zw. Bröl u. Sieg bei Rup-
pichterod.
*Honscheid, Kr. Bittburg; a. 1214
Beyer III, 27.
Hoppelscheid, Bergwald zw. Lenne
u. Volme.
Hopperscheid, a. Dhün.
Hopscheid, auch Hobscheid, a. Eisch
in Lxburg; a. 1235 Becelinus de
Hopseit (lies Hopsceit) Beyer III, 420.
Hornscheid, bei Velbert.
Hornscheid, nö. von Meschede.
Horscheid, zw. Bröl u. Sieg.
Hoscheid, w. der Oure in Lxburg.;
a. 1005 Honsceit, Beyer I, 336; a. 1200
Hoinsceith, Görz II, 870.
Holscheid, Klein- u. Knapp-, westl.
der Clerf in Luxenburg.
Hoscheiderhof, zwischen Oure u.
Sauer in Lxburg.
Hoschette, zw. Sauer u. Attert in
Lxburg.
Hovescheid, zw. Essen und Steele.
*Hovelscheid, in der Eifel (Kill?);
a. 1264 Görz III, No. 2008.
*Hrabagisceit, wo? a. 860 Förstem.
No. II, 832.
Hülscheid, nw. der Schneifel a. der
obersten Rur.

Hülscheid, daneben Althülscheid, zw.
Lenne w. Volme; a. 1459 Johann von
Holscheit, Freigraf zu Dortmund Lc.
IV, 320.
Hülscheid, zw. Bröl und Wahn.
Hülscheid, zw. Sieg u. Wied bei Eitorf.
Hübscheid, s. der Wupper.
Hünscheid, zw. Sieg u. Rhein.
Hüscheid, s. der Wupper.
Hüscheid, Karte Hünscheid, am Sieben-
gebirge.
Hüscheiderbach, w. der Oure.
Hütterscheid, zw. Oure u. Prüm.
Holverscheid, w. v. Rade vorm Wald.
Hundscheid, Karte Hunscheid, Ober-
u. Nieder-, n. Lüdenscheid; a. 1303
Jutta de hunscede Seibertz IV, 1092;
a. 1313 Godescalcus de Hundiscede
Seib. III, S. 125.
Hundscheidt, unweit der Wiehlquelle
bei Waldbröl.
Hundscheidsfeld. u. der Ruhr bei
Bochum.
*Hunischeit, Hof bei Schwarzenberg
n. Saarlouis a. 1262 Görz III, Nr. 1845.
Huscheid, Ring- u. Heck- zw. Oure
und Prüm.
Huscheid, ebenda, 1136 Hunsceit
Görz I, Nr 1907.
Huscheid, Nims-, zw Kill u. Nims.
Immelscheid, n. vom Ebbegebirge.
*Inghescheet, Johannes-, a. 1469,
Lc IV, 350 wo?
Ippenschied, am Südabhang des
Soonwaldes; a. 1341 Yppinscheid,
Günther III, S. 438
Irscheid, zw. Sieg u. Wied.
Jennerscheid, Bergwald ö. der Lieser.
Jetscheid, a. Lieser, Berg bei Tet-
scheid.
Kamerscheid, zw. Bröl u Sieg.
Kätschette, zw. Sauer u. Attert in
Luxenburg.
Kalscheid, s Asbach (Wied).
Kaltenscheid, Kr. Brilon.
Keescheid, a. Mehrbach bei Asbach.
Keruscheid, sö. Trier.
Kerperscheid, am Olefbach.
Kesselscheid, zw. Bröl u. Sieg.

Kindscheid, Bergwald zw. Lieser u. Kill ö. Gerolstein.

Kippscheid, zw. Kill u. Lieser u. Manderscheid.

Kirchscheid, zw. Agger u. Sülze b. Altenhonrath; a. 1070 einfach Scheida Lc. I, 221; a. 1166 Kercich Lc. I, 421; a. 1181 ebenso, hat demnach mit „Kirche" nichts zn thun.

Kirmutscheid, am untern Trierbach (Eifel).

Kleinscheid, zw. Sieg u. Rhein.

Knorscheid, ö. d. Prims (Saar); a. 1180 Knorskeid Beyer I, 610.

Kobscheid, zw. Oure u. Prüm.

Kocherscheid, zw. Sieg und Wied; 9. Jhd. Cocoresced Förstem. N. II, S. 413; 11. Jhd. Kokersceth Förstem. N. II, S. 413.

Kockerscheid, bei Wülfrat.

Kohlscheid u. Aachen.

Kolscheid, bei Geldern.

Kommerscheid, a. obern Rur.

Koppscheid, a. d. Schneifel u. oberst. Rur

Kopscheid, zw. Oure und Prüm.

Krautscheid, zw. Sieg u. Wied.

Krautscheid, zw. Oure u. Prüm; a. 1231 Kruisscheit, Beyer III, 352.

Kretscheid, Bergwald zw. Lieser u. Kill.

Krüdenscheid, am dicken-, mittelste- und vorderste-, Höfe bei Velbert.

*Crumeuscheit, a. Lenne a. 1413 Lc. IV, 76.

Krumscheid, a. Mehrbach b. Asbach.

Krumscheid, zw. Wied u. Rhein

Krutscheid, bei Haan; a. 1301 Cruytscheith; Lc III, 10.

Küchelscheid, s. Montjoie bei Kalterberberge nahe der Rurquelle.

Kuhscheid, bei Aachen nahe den Quellen der Worm.

Kurtscheid, östl. der Wied; a. 1235 Cutsheid Beyer III, 408; a. 1204 Curtscheit, Görz, IV, 2318.

Kutscheit, am Saynbach; so schon 1325 Kehrein S. 226.

Ladscheid, Hof bei Langenberg u. Elberfeld.

Ladscheid, in Tirol.

*Lamberscheyt, bei Lammersdorf am hohen Venn; a. 1361 Lc. III, 621.

Lamscheid, nw. Oberwesel gegen d. Mosel.

Lahrscheid, zw. Sieg u. Wied b. Eitorf.

Landscheid, Ober- und Nieder-, an der Dhün.

Landscheid, am Salmbach; a. 1157 Langescheit Beyer I, 662; a. 1181 Laucginscheit Beyer II, 87; a. 1287 Langesceit Görz IV, No. 1497.

Landscheid, zw. Sauer u. Oure in Luxenburg.

Landscheide, 4 mal in Holstein.

Landscheidung, in Holstein.

Langenscheid, Ober- u. Nieder-, zwischen Volme u. Ennepe b. Halver; a. 1348 in Langensckeide Seibertz III, S. 522; a. 1348 in Langenschede Seib. III, S. 538; a. 1348 de Langenscede Seib. III, S. 539; a. 1348 in Langenscede Seib. III, S. 540; a. 1368. in Langescheid Seib. III, S. 514.

Langenscheid, a. Lahn; so schon 1498 Günther IV. 731.

Langschede, a. Ruhr ö. Schwerte.

Langscheid, in Niederösterreich.

Langscheid, zw. Hönne u. Sorpe sw. Arnsberg.

Langscheid, bei Breckerfeld.

Langscheid, zw. Wied und Rhein.

Langscheid, an der Erftquelle.

Langscheid, unweit der Nettequellen.

Langscheid, bei Oberwesel nach Bacharach zu; a. 1253 Langesceiderbach Görz III, Nr. 1053.

Langschied, auf der Kemelerheide in Nassau.

Langscheidsberg, Berg der Montabaurerhöhe.

Langschied, Berg im Rheingaugebirge.

Lascheid, zw. Sieg u. Rhein.

Lascheid, w. der Oure.

Lascheid, Ober- und Nieder-, nw. der Schneifel au der obern Oure.

Lascheid, zw. Prüm und Nims.

Lascheiderauelsmühle, an der Oure.

Lascheiderhof, w. Hermeskeil.

Lauenscheid, zw. Lenne nnd Volme.

Lauscheid, zw. Nahe u. Glan.

Lauscheid, n. Montjoie; a. 1361 Louerscheyt, Lc. III, 621.

Lehmscheid, auch Lebenscheid, in Oberösterreich.

Leinschede, zw. Lenne u. Volme.

Leinscheid, a. Lenne bei Glinge.

Lenderscheid, bei Ziegenhain in Kurhessen; a. 1196 Lenterscheit Arnold S. 344.

Lengelscheid, n. v. Ebbegebirge.

Lenscheid, Hohen-, Scheide zwischen Lenne und Ruhr bei Glinge; a. 1313 in Lenscide Seibertz III, S. 128; a. 1338 in Lensched Seibertz III, S. 278; a. 1348 in Lenschede Seibertz III, S. 525.

Lennscheid, zw. Lenne u. Volme.

Leschede, s. Lingen a. Ems.

Lescheid, zw. Sieg u. Rhein.

Lenscheid, das, langer Rücken zw. Sieg u. Wied.

Lenscheid, Dorf an dem vorigen Bergrücken.

Lichtenscheid, Gipfel des kahlen Astenberges; s. Seibertz I, 2. S. 82.

Lichtenscheid, dicht bei Barmen.

*Lichtenscheid, bei Kirdorf in Kurhessen; a. 1263 Libthinscheit, Arn. S. 344.

*Lichtenscheid, in Kurhessen; a. 1265 Leytensceith Arn. S. 344; a. 1334 Lichtenscheidt Arn. S. 344.

Liebenscheid, im Quellgebiet der Dill, älter Leybulscheid, Kehrein S. 229.

Lierscheid, n. St. Goarshausen; a. 845 Leyrscheit Kehrein S. 229; a. 879 Liorscheit Kehrein S. 229.

Lieverscheid, Hof bei Kettwig r. d. Ruhr.

Lindenschied, zw. Simmer- u. Hahnenbach (Hunsrück); a. 1086 Lindenescheida Förstem. No. II, 996, aber schon 1362 Lindenscheid.

Lindscheid, a. d. Dhün.

Lindscheid, zw. den beiden Brölbachen bei Ruppichterod.

Lindscheid, Karte Linscheid, zw. Sieg und Wied (bei Eitorf).

Lindscheid, ö. der Prims (Saar).

Lindschied, auch Linschied a. d. Wisper.

Lingscheiderhof, n. d. obersten Erft bei Münstereifel.

Linschede, im-, n. der Ruhr bei Dortmund.

Linschede, a. der Lenne bei Affeln; a. 1313 in Linteschede apud Lenam Seibertz III, S. 129.

Linscheid, bei Zell a. Mosel.

Linscheid, zwischen Lenne u. Volme.

Linscheid, auf dem-, ebenda.

Linscheid, auch Lindscheid, ebenda.

Linscheid, bei Gummersbach; a. 1131 Liuvenskeit? Günther I, S. 211.

Linnscheidt, n. d. Ruhr bei Unna.

Lipperscheidt, zw. Sauer u. Oure in Lxbg.

Lischeid, bei Treysa in Kurhessen; a. 1500 Lichenschoid; Arnold S. 344.

Listerscheid, auch Liesterscheid, am Liesterbach bei Olpe.

Litterscheid, zw. Bröl. u. Sieg.

Lobscheid, Bergwald und Dorf bei Gummersbach.

Löffelscheid, n. v. Soonwald; a. 1241 Leffelszeyt, Beyer III, S. 543; a. 1250 Lefelsceit Beyer III, S. 805.

Lönnelscheid, zw. Volme u. Ennepe bei Halver.

Lollschied, s. der Lahn in Nassau; a. 1346 Lollenscheidt, Kehrein S. 230

Lorscheid, zw. Wied u. Rhein; nicht weit davon Hinterlorscheid; a. 1217 Lochscheid Görz II, No. 1332; a. 1258 Lofascheid Beyer III, 1065; a. 1292 Petrolofscheid Görz IV, 1973; dez. 1292 Loscheit Görz IV, 2107; a. 1296 Hinterlorscheidt Görz 2477; a. 1327 Loyscheid Lc. III, 228.

Lorscheid, am Nordabhang des Hochwalds anf. des 13. Jhd.: Luncsheit Beyer II, 442.

Loscheid-Wald, an der obersten Rur.

Lüdenscheid, zwischen Lenne und Volme; a. 1067 Luidolvesscith Lic. I,

209; a. 1072 Lniodolfesceide Seibertz
II, S. 33; a. 1101—31 Lindolfischet
Seib. II, S. 66; a. 1278 Ludenscheit
Seib. IV, 461; a. 1280 Ludolfscheit
Seib. II, S. 475; a. 1413 Ludenscheide
Lc. IV, 76; a. 1445 Luydenschede
Lc. IV, 271.
Lüdenscheid, Alt-, sw. vom vorigen.
Lummerschied, n. vom Köllerthaler-
wald.
*Lunscheit, südl. der Mosel? a. 1276
Görz IV, No. 330.
*Lysscheit, Joh. von —; a. 1368
Lc. III, 680.
Macherscheid, südl. v. Düsseldorf,
links a/Rhein.
Mackscheid, bei Ratingen l. der Rubr.
Maischeid, Grofs- und Klein-, am
Saynbach; a. 1148 Metschet Görz I,
No. 2064; a 1204 Metscheid Beyer II,
257; a. 1264 Meytscheyt Görz IV,
S. 733.
Mahlscheid, Berg bei Herdorf a. Sieg,
sw. Siegen.
Malscheid, w. der Oure.
Manderscheid a. Lieser; a. 973
Mandrescheit, Mandirscheit, Mander-
sceit, Beyer I, 159, 294, 601, 621 u.
öfter; a. 1147 Mandelskeid ebenda;
a. 1250 Mandilscheit ebenda; also
wohl zu mantaln = Kiefer (pinus).
Manderscheid, zw. Oure und Prüm.
Manderscheid, Nacht-, zw. Oure
u. Sauer.
Manderscheid, Schlinder-, ebenda.
Manderscheid, 2 mal in Böhmen.
Manscheid, am Priefbach (Nebenb.
des Olefbachs).
Marscheid, bei Barmen.
Medenscheid, s. Bacharach.
Mehrscheid, zw. Sieg u. Wied bei
Eitorf.
Melschede, zw. Hönne u. Sorpe sw.
Arnsberg; a. 1312 in Melschede
Seibertz III, S. 111.
Mengerschied, am Simmerbach (Huns-
rück); a. 1074/84 Mengezerodt Görz
I, No. 1486; a. 1194 Mengesrod,
Mengeresrod Beyer II, 178/79.

Merlscheid, am Merlbach, zw. Prüm
u. Nims.
Merlscheid, nw. der Schneifel a. d.
obern Oure.
Merscheid, bei Solingen.
Merscheid, n. vom Idarwald; a. 1220
Merscheit, Beyer II, 422. ebenso 1250.
Merscheid, zw. Oure und Sauer in
Luxenburg.
Merscheid, zw. Oure und Attert in
Luxenburg.
Mertscheid, an der Schneifel und
obersten Oure; a. 1294 schon ebenso
Görz IV, 2318.
Meschede, a. Ruhr; a. 913 in mona-
sterio Mescedi Seibertz II, S. 8; a.
937 in monasterio Meskide Seib. II,
S. 7; a. 959 in loco Messcede Seib.
II, S. 12; a. 973 in monasterio Mes-
cide Seib. II, S. 15; 985 pro sororibus
Messchetensibus Seib. II, S. 17; in
derselben Urkunde: in monast. Mes-
schete; a. 1042 in meskidi Seib. II,
S. 30; 1078/89 in Meskethe Seib. II,
S. 39; a. 1248 Gobelin de Meschede
Lc. II, 324; a. 1260 Godefrid de
Meschedbe Lc. II, 489.
Meschede, Hans, a. d. Almequelle
(Ruhr).
Mesterscheid, zw. Lenne u. Ruhr
n. Hemer.
Mierscheid, zw. Sieg n. Rhein.
Miescheid, im Quellgebiet des Olef-
bachs.
Millerscheid, Karte Möllerscheid,
zw. den beiden Brölbächen bei Rup-
pichterod.
Möderscheid, a. Schneifel nw. gegen
Malmedy.
Müllscheid, Hof bei Ratingen links
der Ruhr.
Mörscheid, Dorf u. Bergwald s. v.
Idarwald.
*Moeschydt, b. Treisa in Kurhessen
c. 1500 Arnold S. 344.
Möhlscheidt, zw. Naaf u. Wahnbach,
(Bröl).
Moischeid, b. Treysa in Kurhessen:
a. 1253 Moinscheid Arnold S. 344;

a. 1269 Monschied, Monscheid Arnold
S. 344; a. 1270 Moynscheyt Arnold
S. 344.

Monscheid, jetzt Mönstädt, im Amte
Usingen (Nassau), Kehrein S. 238.

*Monscheid, bei Wolfhagen in Kur-
hessen; a. 1374 Monscheyt Arnold
S. 344; a. 1460 Moynschede Arnold,
S. 344.

Morscheid, n. v. Hochwald a. Ruwer;
a. 1045 Marcid, Murscheid Beyer I,
379, 453; c. a. 1250 Mortsceit Beyer
II, 404; a. 1281 Morscheit Görz IV,
Nr. 862.

Morscheid, n. v. Idarwald; a. 1220
Morscheit, Beyer II, 422.

*Mortscheid, Wald bei Mamer in
Luxenburg; a. 1221 Beyer II, 434.

Mottscheid, zw. Onre n. Prüm.

Müdscheid, auf der Höhe zw. Ahr
und Erft; a. 893 Muckesceyt, Mur-
kensceit, Beyer I, 160, 175.

Mühlscheid, Hof zw. Hermeskeil
(Hochwald); a. 1393 Mulcheid Görz
IV, 2114.

Müschede, zw. Ruhr u. Röhr westl.
Arnsberg; a. 1231 Mnsche Seib.II,246;
a. 1242 ebenso Seib. II, 282; a. 1204
Muschede Seib. II, 414; im 14. Jhd.
Mussche Seib. II, 629. gehört also
nicht hierher.

Müschede, Berg südlich v. Warstein
am Westerbach (Ruhr); viell. so wie
das vorige Wort zu beurteilen

Mummscheid, n. der Wupper bei
Solingen.

Munscheid, n. der Ruhr b. Bochum.

Muscheid, zw. Wied u. Rhein; 1539
Mutscheid.

Muscheid, am Holzbach (Wied).

Mutterscheid, am Simmerbach.

*Nauscheid, an der Wied? a. 1273
God. de Nauscheid Görz III, 2638.

Neerscheid, westl. Corneliminster
(Aachen).

Nettenscheid, zw. Lenne u. Nette
bei Altena; so schon 1413 Lc. IV, 76.

*Neuscheid, in Nassau im Amte Run-
kel; a. 1276 Nuenscheit, Kehrein S. 244.

Nitterscheid, auch Niederscheid zw.
Ahr und Erft.

Nordenscheid, Ackergut b. Velbert.

Noscheid, s. vom Ebbegebirge.

Notscheid, zw. Wied u. Rhein; (das
o ist kurz!).

Obergschaid, in Oberbayern.

Obergschaid. in Oberösterreich.

Ochsenscheid, Bergwald sö. Meschede an der Elpkequelle.

Oderscheid, Grofs- u. Klein-, zw.
Agger und Bröl.

Oovenscheid, zw. Lenne u. Volme.

Oeverscheid, n. d. Ruhr b. Dortmund.

Olmscheid, zw. Oure u. Prüm.

Orscheid, zw. Lenne und Volme w.
Altena.

Orscheid, am Siebengebirge; a. 1292
Denekin de Orscoet, Lc. II, 923; a
1293 Daneko de Orscheyt Lc. II, 941;
a. 1303 Denekin de Orschet Lc. III, 27.

Ostscheid, bei Herford in Westfalen.

Ontscheid, zw. Oure u. Prüm.

Paffenscheid, zw. Agger und Bröl,
bei Drabenderhöh.

Pahlscheid, Bergwald ö. der Lieser.

Parscheid, s. Asbach (Wied).

Pattscheid, s. d. Wupper b. Opladen.

Pattscheid, in Tirol.

Peetscheid, Berg an der Nahe östl.
Birkenfeld.

Perscheid, s. Oberwesel; a. 1268
Perrescheit Görz III, No. 2373.

Pflugscheid, n. vom Köllerthalerwald.

Pierscheid, Ober- und Nieder-, zw.
Oure und Prüm.

Pitscheid, in Tirol.

Pittscheid, zw. Ahr und Erft.

Plascheid, zw. Oure und Prüm.

Pletschette, zw. Alzette u. Sauer
(Luxenburg).

Plütscheid, zw. Prüm u. Nims.

Potscheid, zw. Sauer u. Oure.

Pottscheiderhütten, in Böhmen.

Preischeid, zw. Oure u. Prüm.

*Protscheid, bei Densborn a. Kill;
a. 1299 Görz IV, Nr. 1710.

Prümscheid, hoher Bergwald zw.
Lieser u. Alf.

*Prinscheid. Dorf bei Blankenheim (Eifel); a. 1290 Görz IV. 1820.

*Purgunscetin, 8. Jhd. wo?

Püscheid, am Mehrbach (Asbach).

Pangelscheid, zw. Lenne u. Volme · s. Werdohl; a. 1388 in Pluutgescheide Seibertz II, S. 602.

Putscheid, zw. Onren. Sauer (Lxbg).

Quierschied, Dorf und Berg, nördl. vom Köllerthalerwald.

Quintscheid, zw. Oure und Prüm am Quintbach.

Rabenscheid, im Quellgeb. der Dill, (Westerwald): 1710 Rabeschit Kehrein S. 259; im Volksmunde jetzt Rowescht.

Raderscheid, zw. Lenne und Volme w. Altena.

Radscheidt, a. der obern Oure nw. der Schneifel.

Ramscheid, zw. Ruhr u. Lenne sw. Meschede.

Ramscheid, im Quellgebiet des Olefbachs.

Ramscheid, in Oberfranken.

Ramscheyt, a. 1449 Kehrein S. 260, bei Idstein im südl. Nassau; jetzt Rahmstatt.

Ramschied, an der Wisper (Nassau) 9. Jhd. Ramenescheidn Kehrein S. 260.

Rascheid, am Nordabhang des Hochwalds.

Rayerschied, a. den Quellen des Simmerbachs n. vom Soonwald.

Reckerscheid, auf der Höhe zwischen Erft u. Ahr.

Rederscheid, zw. Wied u. Rhein.

Reiferscheid, zw. Wied u. Ahlbach; a. 1276 Friedrich von Ripherscheid Görz IV, No. 364.

Reiferscheid, auch Riefferscheid zwischen Bröl und Wahnbach.

Reiferscheid, und nahe dabei Oberreiferscheid, am Priefbach (Urft).

Reiferscheid, a. d. Ahr nw. Adenau; a. 975 Reiferscheit Beyer I, 301.

Reiserscheid, Bergwald am Olefbach.

Reitscheid, ö. der Nahequelle bei St. Wendel.

Remscheid, Stadt im bergischen Land.

Rescheid, im Quellgebiet des Olefbachs.

Retscheid, am Siebengebirge.

Richinsceita, in Niederösterreich Förstem. No. II, 1242; jetzt am Reich.

Riescheid, Hof bei Barmen.

Rindscheid, in Steiermark.

Rinkscheid, s. vom Ebbegebirge.

Ritscheid, w. v. Cornelimünster (Aachen).

Rinscethe, a. 799 Förstem. Namenb. II, 1256, jetzt Rüste (Rgbzk. Düsseldorf).

Rodenscheid, in der Wetterau; a. 1210 Arnold S. 346; jetzt Rotherschütt.

Rölscheid, an der Dhün.

Röhlscheid, n. der Wupper.

Römerscheid, bei Velbert.

Römerscheid, Dorf und Bergwald bei Gummersbach.

Rönscheid, auch Röhnscheid, zw. Lenne u. Volme.

Rüttenscheid, Karte Rüttenscheid, Ober- und Nieder-, bei Wipperfürth.

Rommerscheid, a. der Dhün.

Roscheid, Hof a. d. Bigge bei Olpe.

Roscheid, zw. Oure u. Prüm; a. 981 Roscheit, Beyer I, 312; a. 1287 Rottescheid Görz IV, No. 1446.

Roscheiderhof, zw. Trier u. Conz.; a. 690 Regnemoset? Görz I, No. 105; a. 1250 Roscheit Görz III, S. 176.

*Rotagasceid, a. 980, am Rotten im Quinzingowe in Niederbayern; Förstem. No. II, 1223.

Rottscheid, bei Haan n. der Wupper.

Rüfferscheid, Bergwald am Salmbach.

Rüscheid, zw. Sayn u. Wiedbach; a. 1280 Rusthinscheit, Görz IV, No. 717.

Rüttenscheid, r. der Ruhr, s. Essen.

Rumscheid, zw. Lenne u. Volme bei Dahl.

Rutscheid, am Siebengebirge.

Saalscheid, Hof a. d. Lahn, s. Nassau; 1146 Salscheit, Beyer I, 600.

Sassenscheid, zw. Lenne u. Volme.

Sanscheid, Bergwald a. der Salm.

Sanscheid, s. vom Hochwald.

Saynscheid, im Quellgebiet des Elb-
bachem im Westerwald.
Schaid, in der-, 2 mal in Oberösterreich.
Schaidacker, in der Pfalz.
Schaidbach, in Oberösterreich.
Schaidbach, in Tirol.
Schaidbachertabel, in Tirol.
Schaidberg, in Salzburg.
Schaideck, 2 mal in Oberbayern.
Schaidegg, ebenda.
Schaidenberg, in Oberösterreich.
Schaidenhansen in Oberbayern.
Schaidering, ebenda.
Schaidham, 4 mal in Niederbayern.
Schaiding, in Oberösterreich u. in
Oberbayern.
Schaidbach, in Oberbayern.
Schaidmoos, 2 mal in Salzburg.
Schaidmoosbichl, ebenda.
Schaidt, 2 mal in der Pfalz.
Schaidtdorf, in der Oberpfalz.
Schaitl, in Niederbayern.
Schaidtmühle, in Niederösterreich.
Scheda, Kloster-, a. der Ruhr bei
Station Wickede; a. 1147 in Schethen
Seibertz II, S. 63; a. 1152 Sceitha
Ehrb. Reg. II, S. 32; a. 1170 ecclesia
Scheidensis Seib. II, 84; a. 1174 in
scheda Seib. II, 91; a. 1175 in sceide
Seib. II, 95; a. 1185 in Scheida Seib.
II, 122; a. 1196 Sceithenses Seib.
II, 147; a. 1203 in Sceyda Seib. II,
161; a. 1219 prepositns acedensis S. II,
198; a. 1228 preposito scheydensi
S. II, 232; a. 1288 in Sceyda Seib.
II, 512; a. 1299 Schede Seib. II, 593.
Scheda, zw. Lenne und Ruhr, u.
Iserlohn.
Scheda, s. vom Ebbegebirge.
Schede, zw. Ennepe und Ruhr.
Schedeberg, 2 mal in Schlesw.-Hol-
stein.
Scheden, bei Münden in Hannover.
Schedenberg, in Oberbayern.
Schederaign, in Niederbayern.
Schederberg, sö. v. Meschede.
Scheedt, bei Rade vorm Wald.
Scheid, dabei Ober-, und Oberste-,
zw. Agger u. Sülze bei Altenhourath.

Scheid, zwischen Agger und Bröl bei
Mnch.
Scheid, zw. Sieg und Rhein.
Scheid, am Siebengebirge.
Scheid, an der Sieg bei Hamm.
Scheid, bei Aachen, dicht jenseit der
holl. Grenze.
Scheid, zw. Prüm n. Nims.
Scheid, a. d. obersten Kill, nw. der
Schneifel.
Scheid, nördl. d. Lahn b. Nassau.
Scheid, a. d. Wiehl i. Oberbergischen.
Scheid, auf dem, Bergwald zw.
Alme n. Hopke n. Messinghausen.
Scheid, anfm, bei Remscheid.
Scheid, anfm, bei Elberfeld.
Scheid, aufm, bei Velbert.
Scheid, Hof u. Haus, b. Wipper-
fürth.
Scheid, Grofs- u. Klein-, zw.
Wahn und Bröl.
Scheid, am grofsen-, am klei-
nen-, bei Hückeswagen.
Scheid, Nieder-, Mittel-, Ober-,
zw. Sieg n. Wied.
Scheid, Ober-, Oberste-, zw.
Sieg u. Rhein.
Scheid, Ober-, zw. Sieg u Wied
bei Buchholz.
Scheid, Ober-, b. Mühlheim a. Ruhr.
Scheid, Ober-, Unter-, a. d. Dhün.
Scheida, 2 mal in Kärnthen.
*Scheida, a. 1143 an der Mosel
Görz I, 2000.
Scheidbach, zw. Simmer- u. Hah-
nenbach.
Scheidchen, sw. Echternach in
Luxenburg.
Scheide, in Schleswig-Holstein.
Scheide, in Pommern.
Scheide, Nord- und West-, ersteres
2 mal, letzteres 1 mal in Schleswig-
Holstein.
Scheidebach, 2 mal im Königreich
Sachsen.
Scheideberg, in Westpreufsen.
Scheidebaum, in Schleswig-Holst.
Scheideck, 3 mal in Oberbayern.
„   2 mal in der Schweiz.

Scheidecker, je 1 mal in Ober- und Unterelsaſs.

Scheidegg, in Bayrisch-Schwaben.

Scheideholz, b. Haarburg i. Hannov.

Scheidekathe, 7 mal in Schleswig-Holstein.

Scheidekoppel, ebenda.

Scheidekrug, 2 mal ebenda.

Scheidel, zw. Attert und Sauer in Luxenburg.

Scheidelberg, in Pommern.

Scheideldorf, in Niederösterreich.

Scheidelhöfe, in Pommern.

Scheidelwitz, in Schlesien.

Scheidemühle, in Oberhessen.

Scheidemühle, im Königr. Sachsen.

Scheiden, am w. Abhang d. Hochw.

Scheiden, an der Urft.

Scheidebach, 2 mal im Kgr. Sachsen.

Scheidenhof, in Steiermark.

Scheidens, in der Provinz Sachsen.

Scheidenthal, in Baden.

Scheidenweiler, i. Bayr.-Schwaben

Scheidepfahl, in Schleswig-Holstein.

Scheiderbruch, a. d. Dhün b. Mühlheim a. Rhein.

Scheiderfeld, nördl. der Wupper bei Solingen.

Scheiderhöhe, zw. Agger u. Sülze bei Altenhonrath.

Scheiderhof, bei Gondorf a. Mosel.

Scheiderhof, bei Olpe a. Bigge.

Scheiderirlen, bei Solingen n. der Wupper.

Scheidermühle, an der Wupper bei Solingen.

Scheiderwald, a. Bigge bei Olpe.

Scheideweg, bei Schwelm a. d. Wupper (bei Barmen).

Scheideweg, bei Hückeswagen.

Scheidewinkel, in Schlesien.

Scheidgen, zw. Oure und Prüm.

Scheidham, 4 mal in Niederbayern.

Scheidhof, in Kurhessen bei Hersfeld.

Scheidhof, in Luxenburg.

Scheidhof, zw. Bröl u. Agger b. Much.

Scheidingen, zw. Soest und Werl, a. d. Ruhr; a. 1240 in Schedinge Seibertz II, 274; a. 1242 in Sche-

thinge Seib. II, 284; a. 1253 in Scethingen Seib. II, 348; a. 1415 Herm. de Scheidincgen Seib. II, 642.

Scheiditz, in Sachsen-Altenburg.

Scheidlehen, in Nieder-Bayern.

Scheidmühle, bei Aachen.

Scheidmühle, in Unterfranken.

Scheidsbach, zw Sieg u. Rhein.

Scheidsmühle, bei Saarlouis.

Scheidsöd, in Oberbayern.

Scheidt, bei Forbach in Lothringen.

Scheidt, bei Aachen.

Scheidt, bei Mühlheim a. Ruhr.

Scheidt, bei Erkelenz.

Scheidt, zw. Sieg u. Wied bei Eitorf.

Scheidt, bei Gummersbach

Scheidt, s. d. Wupper bei Bensberg.

Scheidt, a. d. Dhün.

Scheidt, zw. Agger u. Bröl b Much.

Scheidt, bei Ruppichterod.

Scheidt, bei St. Johann a. Saar; a. 1235 Scheide Görz II, No. 2197.

Scheidt, auf dem, w. Corbach in Waldeck.

Scheidt, Ober-, Unter-, dicht bei Solingen.

Scheidt, auf dem großen, bei Neunkirchen a. Sieg.

Scheidt, auf dem kleinen, bei Neunkirchen a. Sieg.

Scheidterberg bei Saarbrücken.

Scheidterhammer, ebenda.

Scheidterhütten, ebenda.

Scheidtermühle, ebenda.

Scheidung, in Oldenburg.

Scheidung, auf der, bei Schwelm (Barmen).

Scheidungen, Burg- und Kirch-, bei Querfurt, Prov. Sachsen.

Scheidwald, unterhalb Merzig a. Saar.

Scheidweiler, Ober- und Nieder-, ö. der Lieser.

Scheitert, im Quellgebiet des Olefbachs.

Schemscheid, a. Sieg bei Siegen.

Schid, in Oberbayern.

Schida, in Niederbayern.

Schidel, in würtembg. Donaukreis.

Schidlambach, in Oberbayern.

Schiebenscheid, der, ö. Sachsenhausen i. Waldeck.

Schied, 4 mal in Salzburg.

Schieda, in Bayrisch-Schwaben.

Schieda, auf der, 3 mal in Oberfranken.

Schieda, auf der, 1 mal in Kärnthen.

Schiedbichl. in Oberbayern.

Schiedel, 3 mal im Kgr. Sachsen.

Schiedel, 3 mal in Böhmen.

Schiedelberg, in Oberösterreich.

Schiedenberg, bei Wolfach in Baden.

Schiedenhohlweg in Schleswig-Holst.

Schieder, in Lippe; 9. Jhd. Scidere,
Scidirimarca, Scidrioburg = iudicnm
marca? Förstemann, Ortsnamen S. 185.

Schiederberg. in Oberbayern.

Schiederhof, in der Oberpfalz.

Schiedhörn, 2 mal in Schleswig-
Holstein.

Schiedungen, bei Erfurt (Prov.
Sachsen).

Schlierschied, an der Lützelsoon,
(Teil des Soonwaldes); a. 1124 Slir-
scheit Görz I, No. 1753; a. 1277 Sclier-
scheit Görz IV, No. 446.

Schlürscheid, am obern Sülzbach
bei Lindlar.

Schmalscheid, links der Ruhr bei
Ratingen.

Schönscheid, rechts der Ruhr bei
Essen.

Schwagenscheid, zu, bei Elberfeld.

Schwallschiederhof, ö. Nastätten
in Nassau; a. 1444 Schwelscheid
Kehrein S. 270.

Schweinscheid, zw. Nahe u. Glan.

Schwertscheid, bei Heinsberg, Rgbz.
Aachen.

*Scouensceid, a. 816, Grenze des
Prümer Waldes irgendwo in der Eifel.

Seelscheid, zw. Naaf u. Wahnbach
(Agger).

*Sellescheid, a. 1288 Görz IV, No.
1520; a. der Lieser?

Sellscheid, zw. Lenne u. Volme bei
Werdohl.

*Sellscheid, Unter-, Ober-, bei
Velbert (Elberfeld).

Sellscheid, Unter-, Ober-, bei
Wermelskirchen.

Selschede, a. d. obern Röhr (Ruhr).

Selscheid, n. d. Clerf in Luxenburg.

Selscheide, a. d. Dhün.

Sengelscheid, bei Heina in Kurhessen;
a. 1222 Sengelsceith Arnold S. 345.

Sengscheid, s. vom Köllerthalerwald
(Pfalz).

Sennscheid, am unteren Trierbach
(Ahr).

Sichelscheid, Steinkohlenbergwerk
bei Aachen.

Siebenscheid, der, s. Hirschberg,
Kr. Arnsberg (Ruhr).

Sierscheidt, zw. Ahr u. Erft.

Silverscheid, am Kallbach, Nebenfl.
der Kur.

Silschede, zw. Ennepe u. Ruhr, unterh.
Hagen.

Singscheid, am, bei Elberfeld.

*Singescheit, Hof bei Ensheim (Pfalz);
a. 1197 Beyer II, 260.

*Smalagasceit, im Qinzingowo, nö.
v. Landshut in Niederbayern. a.
890 Förstem. II, S. 1350.

Sohrschied, zw. Simmer- u. Hahnenbach, am Sohrbach.

Sollscheid, zw. Sieg u. Rhein.

Sollscheid, zw. Wied u. Rhein.

Solscheid, zw. Sieg u. Wied bei
Buchholz.

Sonnscheid, auch Sonnenscheid, zw.
Lenne u. Volme, sw. Altena.

Soonschied, am Soonwald, w. vom
Hahnenbach.

*Spirgescheid, a. 1046 in der Pfalz,
Förstem. N. II, 1363, jetzt Scheid nw.
Lauterburg.

Steinscheid, am obern Sulzbach bei
Lindlar.

Strauscheid, ö. d. Wied.

Strickscheid, zw. Oure und Prüm.

Süchterscheid, zw. Sieg u. Wied.

Taigscheid, in Oberbayern.

Teitscheid, a. d. Dhün bei Schlebusch.

Tettscheid, ö. der Lieser; a. 1161
Texscit Beyer I, 683.

Tonscheid, bei Elberfeld.

Willerscheid, auf der Höhe zw. Erft
u. Abr.
Willscheid, zw. Wied n. Rhein.
Willscheid, a. Trierbach (Zufluß der
Olef).
Wilscheiderhof, zw. Saar u. Prims
ö. Merzig.
Wilwerscheid, a. d. Alf (Eifel).
Windschieder Forsthaus, in der
Pfalz.
Winterscheid, ö. der Schneifel; a.
1131 Winterskeit Günther I, 211; a.
1370 Heinrich de Wynterscheid, Lc.
III, 705.
Winterscheid, zw. Bröl u. Sieg.
Winterscheid, in Hessen; a. 1265
Wintersceith; Arnold S. 344.
*Winterscheid, ebenda; Arnold S. 344.
Wirscheid, am Saynbach.
*Wispelscheid, a. d. Ürs; a. 1335
Günther III, S. 329; a. 1347 Günther
III, 496.
Wittscheid, a. d. obern Rur, zw.

Nideggen u. Heimbach; a. 887 schon
ebenso.
Wittscheid, sw. Schleiden a. Olefbach.
Wollmerschied, n. d. Wisper (Nassau);
14. Jhd. Wollmerscheid, Kehrein 291.
Wollscheid, a. d. Brolquellen (Vor-
dereifel.
Wömerscheiderbach, Zufluß des
Kallbachs (Rur).
Worbscheid, Nieder-, Ober-, s. v.
Ebbegebirge.
Wüllscheid, am Siebengebirge.
Wüscheid, ö. der Wied.
Worthscheid, zw. Agger u. Sülzbach,
w. Engelskirchen.
*Wyssirscheid, Wald bei Jülich a.
1237; Lc. II, 225.
Zendscheid, rechts der Kill; a. 1036
Cindsceiht, Görz I, Nr. 1256.
Zimmerschied, u. d. Lahn in Nassau.
Zingscheid, am Priefbach (Olefbach);
a. 1130 Cinescheid Lc. I, 308.
Zweifelscheid, zw. Oure u. Prüm.

Flurnamen.

Abscheid, im Amte Nassau a. Lahn.
Altscheid, im A. Haigerseelbach
(Dillenburg).
Altscheid, im A. Niederscheld (Dillen-
burg).
Anscheid, im A. Weilburg.
Aulenscheid, Waldort in Kurhessen.
Backenscheid, bei Hadamar.
Balterscheid, in Kurhessen.
Bergscheid, im A. Nassau.
Bergscheid, im A. Diez.
Bergenscheid, im A. Diez.
*Bergescheid, bei Linz; a. 1293
Görz IV, 2229.
Betzelscheid, bei Nastätten.
Blattscheide, in Kurhessen.
*Blogscheyt, ein Haus in Carden a.
Mosel; a. 1282 Görz IV, No. 1005.
Boddinscheid, in Kurhessen bei
Altenlosheim Arnold S. 345.
.Bottscheid, zw. Mogendorf u. Viel-
bach im Westerwald.
Bornscheid, bei Weilburg a. Lahn

Breitscheid, bei Dillenburg.
Breitscheid, bei Marienberg (Wester-
wald).
Breitscheid, bei Rennerod (Wester-
wald).
Breitscheid, bei Wehen (Taunus).
Breitscheid, bei Ems a. Lahn.
Dickescheit, in Kurhessen.
Dickscheid, bei Walmerod im Wester-
wald.
Dollschied, Ober-, Unter-, bei
Wehen (Taunus).
Dorscheid, bei Walmerod.
Dünnelscheid, bei Walmerod.
Dünnscheid, bei Walmerod.
Enderscheid, bei Runkel a. Lahn.
Erbacherscheid, bei Idstein.
Eschenscheid, bei Diez a. Lahn.
Florscheid, bei Weilburg.
Flurscheid, 6 mal in Nassau.
Flurscheide, 1 mal in Kurhessen.
Flurscheide, 2 mal in Nassau.
Gühescheid, bei Dillenburg.

Gartenscheid, bei Herborn.
Gierscheid, bei Weilburg.
Grauscheid, bei Herborn.
Grünscheid, bei Herborn.
Habscheid, in Kurhessen.
Hahnscheid, bei Runkel.
Hamscheid, bei Herborn.
Hemscheid, bei Walmerod.
Herschied, bei Rüdesheim im Rheingau.
Hillscheid, bei Selters (Westerwald).
Himscheid, bei Dillenburg.
Hinterscheid, bei Braubach a. Rhein.
Hinterscheid, bei Wehen (Taunus).
Hochscheid, bei Rennerod.
Hochscheid, bei Usingen (Nassau).
Höhscheid, bei Walmerod.
Hohenhahuscheid, bei Ramerod.
Hohenscheid, bei Walmerod.
Hühnerscheid, bei Diez.
Hünscheid, in Kurhessen.
Hunscheid, bei Herborn..
Kammerscheid, 2 mal bei Marienberg im Westerwald.
Kirscheid, bei Rennerod.
Kronscheid, 2 mal bei Herborn.
Laugscheid, bei Weilburg.
Laugscheide, bei Friedberg i. Wetterau.
Langschied, 3 mal in Nassau.
Leiseschcid, bei Dillenburg.
Lichteschcid, in Kurhessen.
Liftscheid, bei Walmerod.
Lindenscheid, 2 mal in Nassau.
Lindenscheid, das, in Kurhessen.
Lindenschied, bei Wehen.
Markscheid, bei Hachenburg.
Meisengesceid, bei Fulda im 10. Jhd. Förstem. N. II, 1053.
Molberscheid, 3 mal bei Rennerod.
Mühlscheid, bei Montabaur.
Muscheid, bei Rennerod.
Muttscheid, 2 mal bei Rennerod.
Nachtscheid, bei Wehen.
Nauscheid, 3 mal in Nassau.
Niederscheid, bei Walmerod.
Oberscheid, bei Walmerod.
*Odericbesscheit, w. v. Weifsenburg (Pfalz) schon a. 967 Wüstung. Förstem. N. II, 151.

Ramscheid, Nieder-, an der Wisper (Nassau).
Rauhscheid, bei Marienberg (Westw.).
Reiescheid, bei Montabaur.
Rohscheid, bei Runkel a. Lahn.
Rothescheid, in Kurhessen.
Rothscheid, bei Nassau a. Lahn.
Rückerscheid, bei Herborn.
Röhlscheid, bei Hadamar.
*Rumischeit, bei Königswinter; a. 1291 Görz IV, 1847.
Scheid, der oder das, etwa 10 mal in Kurhessen.
Scheid, aufm, etwa 70 mal in Nassau.
Scheidbitz, bei Walmerod.
Scheidchen, bei Montabaur.
Scheidcheswald, bei Weilburg.
Scheidelbaum, bei Dillenburg.
Scheiderfeld, 2 mal in Nassau.
Scheiderlei, bei Wehen.
Scheiderloch bei Wehen.
Scheidersrech, bei Langenschwalbach.
Scheiderwald, bei Wehen.
Scheiderweg, bei Weilburg.
Scheidfeld, 8 mal in Nassau.
Scheidfeld in Kurhessen.
Scheidfurt, bei Walmerod.
Scheidgehege in Kurhessen.
Scheidgarten, bei Dillenburg.
Scheidgraben, 4 mal in Nassau.
Scheidgraben, in Hessen.
Scheidheck, 2 mal in Nassau.
Scheidheg, bei Dillenburg.
Scheidhölzchen, b. Selters (Westw).
Scheidingen, bei Marienberg (Westw).
Scheidlach, bei Höchst (Main).
Scheidmauer, 2 mal in Nassau.
Scheidsberg, bei Weilburg.
Scheidsbergerfeld, b. Montabaur.
Scheidsborn, bei Montabaur.
Scheidsbeck, bei Selters (Westerw.).
Scheidseifen, bei Montabaur.
Scheidseit, bei Herborn.
Scheidskopf, 2 mal in Nassau.
Scheidswies, bei Selters (Westerw.).
Scheidwasser, bei Dillenburg.
Scheidweg, 4 mal in Nassau.
Scheidwies, 3 mal in Nassau.
Schimmelscheidchen, b. Rennerod.

Schimmerscheid, bei Dillenburg.
Schmidtscheid, bei Diez a. Lahn.
Seelbachscheid, bei Dillenburg.
Selterserscheid, bei Oberselters
(Taunus).
Sengscheid, bei Langenschwalbach.
*Tegensceit, bei Rheinbach (Bonn);
a. 983 Beyer I, 175.
Weidscheid, bei St. Goarhausen.

Weinscheid, b.Marienberg(Westerw).
Weiperscheid, bei Herborn.
Wernscheid, bei Herborn,
Wetzelscheid, bei Rennerod.
Willmerschied, bei Rüdesheim.
Wilscheid, b. Marienberg (Westerw).
Windscheid, b. Weilburg a. Lahn.
Zollschied, bei Nastätten (Nassau).

Namen auf -auel, ohl.

Ahlen, a. d. obern Sülze.
Auel, Dorf bei Siegburg.
Auel, Gut ebenda.
Auel, Weiler und Mühle ebenda.
*Auel, auch Aul bei Oberlahnstein;
a. 1358 Auwyl, jetzt die Ahler Hütte;
Kehrein S. 164.
Auel, Dorf bei St. Goarshausen bei
Lierscheid.
Auel, a. d. obern Oure.
Auel, a. d. Kill, westl. Hillesheim.
Auel, Ober-, Mittel-, Unter-, b.
Mülheim a. Rhein.
Auelerhof, bei Oberscheid a. Agger.
Auelsbach, bei Lohmar a. Agger.
Auelshof, südl. von Auelerhof.
Auelshof, bei Siegburg.
Aüelchen, Haus ebenda.
Aüelchen, a. d. Agger b. Altenhonrat.
Aüelen, Weiler bei Siegburg.
Aulbach, Zufl. d. Kill bei Speicher.
Aulgasse, n. v. Siegburg.
Aull, a. Lahn gegenüber Oranienstein;
a. 1710 Aül, früher Ouvele, Auvele
Kehrein S. 164.
Aulsheck, Hof bei Siegburg.
Bamenohl, a. d. Wenne bei Finnen-
trop; a. 1379 Babenole et de curte
Oeuerenbabenole Seib. II, S. 603.
Benolpe, b. Drolshagen a. d. Quellen
der Bigge u. Agger.
Benolpe, am Silberbach (Lenne).
Binollen, a. Hönne, Anton de
Binole a. 1233 Seibertz II, S. 259.
Blessenohl, an der Wenne.
Bolzenauel, an der Urft.

Bourauel, a. d. untersten Sieg.
*Bredenole, bei Iserlohn; a. 1072
Pretinhole Seibertz II, S, 33; a. 1101/31
Bredinole Seib. II, S. 66; a. c. 1300
Breydenole Seib. II, S. 628.
Brunohl, Hof bei Gummersbach.
Büttgenauel, oder Bülgenauel, an
der untersten Sieg.
Crummenohl, bei Gummersbach.
*Degeranauale, a. 893 bei Kess-
lingen a. Ahr Beyer I, Nr. 135.
Dornauelsmühle, a. d. obern Oure.
*Einole, bei Plettenberg a. Lenne;
a. 1300 Seibertz II, S. 601.
Eulach, bei Winterthur i. d. Schweiz
alt Olache; Müllenhoff, Altert. II,231.
Eschaulerhof, a. d. obern Rur; a.
1361 die Eschauwel Lc. III, 621.
Eschenohl, Sägemühle b. Plettenberg
a. Lenne.
Falkenauel, an der obern Oure bei
Preischeid.
Finkenanel, a. d. Urft.
Freienohl, a. Ruhr zw. Arnsberg u.
Meschede; a. 1348 in vryenole Seib.
III, 524; a. 1364 to dem frienohle
Seib. III, S. 493.
Habersauel, a. d. obern Rur.
Haus Auel, a. d. Agger, unterhalb
Altenhonrath.
Haus Ohle, ö. Schwerte a. d. Ruhr.
Hof Olpe, am Silberbach (Lenne) bei
Benolpe.
Ingersaulerhof, am Naafbach (Ag-
ger) bei Seelscheid.
Kirchefohl, a. d. Bigge bei Olpe.

Krebsauel, a. d. Agger unterh. Altenhourath.

Krummenanel, a. d. Urft.

Langenohl a. d. Bigge; a. 1272 Hermannus de Langenohle Seib. II, S. 440; a. 1282 Godefridus de Langenole Seib. III, 110; c. a. 1300 Herm. de Langenhole Seib. III, 110.

Langenohl, oso. v. Meinerzhagen am Ebbegebirge.

Lascheidsauelsmühle, a. d. obern Oure.

Leiterauel, a. d. obern Rur.

*Lenol, bei Arnsberg a. Rohr; a. 1193 in Lenole Seib. II, 140; a. 1231 in Lenole Seib. II, S. 245.

Lienseneul, Hof westl. der Volme ö. Halver.

Liesternohl, an der Mündung des Liesterbachs in die Bigge; c. 1300 Listernole, Seib. II, 601; Lysternole, Seib. II, 601.

Mauel, a. d. Sieg bei Rossbach.

Mauel, an der Prüm.

Mauel, an der Urft bei Gemünd, früher „zum Auwel."

Mausauel, ein Berg bei Nideggen a. Rur.

Morsauel, auch Morsbachanel, an der obern Rur.

Oberauel, Dorf an der untersten Sieg.

Ölberg, Berg im Siebengebirge.

Öldorf, Dorf a. d. obern Sülze.

Ohl, an der Volme ö. Halver.

Ohl, bei Gummersbach.

Ohl, an der Agger, unterhalb Ründeroth.

Ohl, an der Agger, unterhalb Engelskirchen.

Ohl, an der Wiehl.

Ohl, an der obern Sülze, n. Lindlar.

Ohl, am, an der obersten Agger bei Neustadt.

*Olo, an der Lenne bei Neuenrade; a. 1193 Wilh. de Ole, Seib. II, 142; c. 1300 in parochia de Ole, Seib. II, S. 601; c. 1300 curtis „ten ole" Seib. II, S. 601.

*Ole, Hof bei Arnsberg; a. 1348 de Ole Seib. II, 527.

Olef, Bach u. Ort bei Schleiden.

Olewig, Bach bei Trier; alt Olevia, Olivia.

Olfen, Ober-, Nieder-, Dörfer bei Altenkirchen.

Olpe, Stadt an der Bigge, so schon 1280. Seibertz II, S. 475.

Olpe, Rittergut, sw. Wipperfürth.

Olpe, Hof bei Lüttringhausen, Kr. Lennep.

Olpe, Dorf südl. v. Freienohl a. Rur.

Olpe, Bach bei Neukirchen in Waldeck.

Ramsauel, a. d. obern Agger.

Recher Auel, a. d. Ahr.

Rommelsohl, a. d. obern Agger.

Rosauel, a. d. Agger unterhalb Altenhourath.

Rummenohl, a. Volme unterhalb Dahl.

Schneppenohl, a. Bigge.

Schwammenauel, a. d. obern Rur.

Seifenauel, ebenda.

Turnisauel, a. d. Agger, unterhalb Overath.

Ulf, Bach in der Wetterau ahd. Olaffa, Oloffa, Olfe, Müllenh. Altert. II, 231.

Urmauel, a. d. Prüm.

Weickenohl, a. Bigge.

Weidenauel, a. d. obern Rur.

Werdohle, a. Lenne; a. 1101 Veerhol Seib. II, S. 41; a. 1120 Werthol Seib. II, S. 47.

Wintersohle, südl. v. vorigen; a. 1394 Rutger Haner, anders genannt von Wyntersoll; myn sloss Wyntersoll Lc. III, 998; also zu sol, sul = lache.